象棋大师系列

象棋特级大师
残杀名局赏析

吴雁滨 编 著

时代出版传媒股份有限公司
安徽科学技术出版社

图书在版编目（CIP）数据

象棋特级大师残杀名局赏析 / 吴雁滨编著.--合肥：
安徽科学技术出版社，2019.1（2023.4 重印）
（象棋大师系列）
ISBN 978-7-5337-7474-5

Ⅰ.①象…　Ⅱ.①吴…　Ⅲ.①中国象棋-残局（棋类
运动）　Ⅳ.①G891.2

中国版本图书馆 CIP 数据核字（2018）第 002776 号

象棋特级大师残杀名局赏析　　　　　　　　　　　　吴雁滨　编著

出 版 人：丁凌云　　选题策划：倪颖生　　责任编辑：倪颖生　王爱菊
责任印制：梁东兵　　封面设计：吕宜昌
出版发行：安徽科学技术出版社　　　　http://www.ahstp.net
　　　　　（合肥市政务文化新区翡翠路 1118 号出版传媒广场，邮编：230071)
　　　　　电话：(0551)63533330
印　　制：唐山富达印务有限公司　　　　电话：(022)69381830
（如发现印装质量问题，影响阅读，请与印刷厂商联系调换）

开本：710×1010　1/16　　　印张：15.25　　　字数：274 千
版次：2023 年 4 月第 2 次印刷

ISBN 978-7-5337-7474-5　　　　　　　　　　　定价：58.00 元

前　　言

　　象棋特级大师残杀名局赏析,主要介绍我国除广东、浙江、上海三省市以外的其他地区部分特级大师精妙绝伦的"连将杀"和神奇奥妙的"宽紧杀"入局实例。本书取材于象棋特级大师实战对局,并对部分局例添加续着、增加变着或进行改编整理、加工而成,因此与原局着法有所不同。本书只列胜负局,因为分出胜负的对局相对精彩一些,而且也符合时代潮流。本书特别适合广大象棋爱好者学习研究,也适合专业棋手揣摩欣赏,对初、中级棋手提高残局攻杀水平会有很大的帮助。

吴雁滨

目　　录

第一篇　东北特级大师残杀名局赏析

第四篇　华中特级大师残杀名局赏析

第23章　湖北洪智残杀名局赏析 ………………………… 214

第一篇　东北特级大师残杀名局赏析

第1章　黑龙江赵国荣残杀名局赏析

第1局　送佛归殿

着法(红先胜)：

1. 车九平四　炮4平6
2. 车四进一！将6进1
3. 兵三平四　将6退1
4. 炮九平四　车4平6
5. 兵四进一

连将杀,红胜。

选自1999年全国象棋个人赛赵国荣—阎文清实战对局并改编。

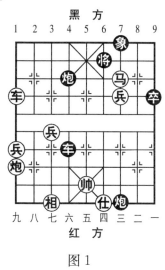

图1

第2局　千钧一发

着法(红先胜)：

1. 炮九平七　将6进1
2. 车二进一　将6进1
3. 炮七退二　士5进4
4. 车二退一　将6退1
5. 炮七进一　士4进5

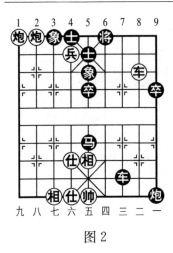

九 八 七 六 五 四 三 二 一

图2

6. 兵六平五！ 将6平5

7. 车二进一 将5退1

8. 炮七进一

连将杀,红胜。

选自1992年全国象棋个人赛黑龙江赵国荣—庄玉庭实战对局。

第3局 联合作战

着法(红先胜):

1. 车七进一 将4进1

2. 马五进七 炮2平3

3. 车七退一 将4退1

4. 马七进九 车8平6

5. 帅五进一 ……

以下黑有两种应着:

(1) 马6进5,马九进八,象5退3,车七进一,将4进1,车七退二或车七平六杀,红胜。

(2) 将4平5,车七进一,士5退4,马九进七,将5进1,炮九退一杀,红胜。

选自2009年"九城置业杯"中国象棋年终总决赛赵国荣—申鹏实战对局并添加应着。

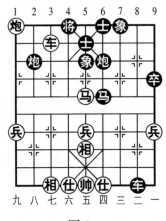

九 八 七 六 五 四 三 二 一

图3

第4局 一马当先

着法(红先胜):

1. 马六进五 士4进5

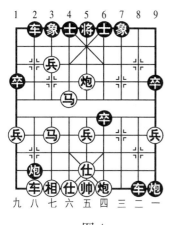

图4

5.炮六退五

黑如接走炮 9 平 6,则马七进六,士 5 进 4,马六进八,士 4 退 5,马八进六,绝杀,红胜。

选自 2010 年第 4 届"杨官璘杯"全国象棋公开赛赵国荣—申鹏实战对局。

2.马五进七　将 5 平 4

3.兵七平六!……

弃兵做杀,妙手!

3.……　　　　上 5 进 4

黑方另有两种着法:

(1)车 8 退 6,炮四进二,车 8 平 5,炮四平六,车 5 平 4,兵六进一,将 4 平 5,兵六进一,绝杀,红胜。

(2)车 8 退 7,炮四进二,车 8 平 4,炮五平六,黑只得车 4 进 1 弃车砍炮,红胜定。

4.炮五平六　　士 4 退 5

第 5 局　一波三折

着法(红先胜):

1.车一平三　炮 7 平 2

黑改走马 4 进 5 兑马较好,红如接走兵五进一吃马,则车 2 进 3 保炮;红又如接走车三退三吃炮,则马 5 退 6,虽落下风,尚可抵挡。

2.车三进一　马 4 进 5

3.车三平八!

捉车叫杀,红必可得子,黑认负。

选自 2010 年全国象棋甲级联赛赵国荣—黄丹青实战对局。

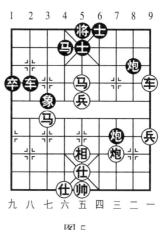

图5

第6局　出将入相

着法(红先胜)：

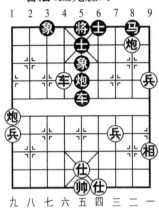

图6

1. 炮九进五　象3进1

黑如改走士5退4,则车六进三,将5进1,帅五平六,象3进1(黑如象5进3,则兵一平二,车5平7,车六退一,将5进1,炮九平四,红胜定),车六退一,将5退1,车六退二! 下一步右炮左移,红胜定。

2. 帅五平六　士5进4

3. 车六进一

黑如接走象5退7,则炮二平八,黑只有弃炮解杀,红得子胜定。

选自2010年全国象棋甲级联赛赵国荣—孙浩宇实战对局。

第7局　一锤定音

着法(红先胜)：

1. 兵七平六! 将5退1

黑方另有两种着法：

(1)将5平4,车三平六,将4平5,车六退一,车6平7,车六平五,将5平4,仕五退四,车7平4,炮三平六! 车4平1,车五平六,红胜。

(2)将5平6,炮三平七,车6平8,炮七退九,车8平5,车三进二,将6退1,兵六平五,将6退1,兵五进一! 车5退2,车三进二,将6进1,车三退一,将6退1,车三平五,红得车胜定。

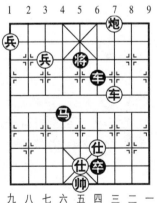

图7

2. 兵六进一　将5退1

黑如改走将5进1,则炮三平五! 马4退3,车三进二,车6退1,兵六平五! 将5退1,车三平四,红得车胜定。

3. 炮三平一

下一步红车三进四照将,黑必垫车解将,黑认负。

选自 2010 年第 4 届"杨官璘杯"全国象棋公开赛赵国荣—潘振波实战对局。

第 8 局　长风破浪

着法(红先胜):

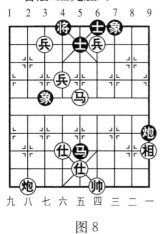

图 8

3. 炮九退一! ……

以下黑有三种应着:

(1)车 1 退 2,马七退六叫将抽车,红胜定。

(2)士 4 进 5,马七退六! 将 6 平 5,车三退三,马 3 退 4,车三平五,马 4 退 5,炮九退一! 车 1 退 1,车五进一,将 5 平 6,车五进二杀,红胜。

(3)士 4 退 5,马七退六,将 6 平 5(黑如车 1 平 4 吃马,则车三退一杀,红胜),车三退一,士 5 进 6,车三平四杀,红胜。

选自 2009 年全国象棋甲级联赛赵国荣—谢岿实战对局并添加应着。

1. 兵七进一　将 4 平 5
2. 炮八进九　士 5 退 4
3. 马五进六

连将杀,红胜。

选自 2009 年全国象棋甲级联赛赵国荣—程吉俊实战对局并添加续着。

第 9 局　跃马捉车

着法(红先胜):

1. 前马进七　车 2 平 1
2. 车三进三　将 6 进 1

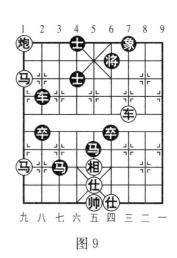

图 9

第 10 局　纵横驰骋

着法(红先胜)：

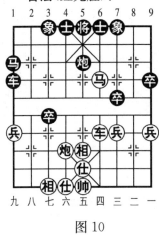

图 10

1. 马四进六　将 5 进 1
2. 帅五平四！炮 5 平 9
3. 车四进六　将 5 进 1
4. 马六进七！将 5 退 1
5. 马七退六

黑如接走将 5 进 1，则车四退二，将 5 退 1，车四进一，将 5 进 1，马六进五！士 4 进 5，马五退三，将 5 平 4，马三退四，车 1 平 5，马四进五！车 5 平 3，车四退三，卒 3 进 1，车四平六，将 4 平 5，车六平五，将 5 平 4，马五退六，卒 3 平 4，马六退四！卒 4 进 1，车五平六，红胜。

选自 2009 年"恒丰杯"第 11 届世界象棋锦标赛赵国荣—赵汝权实战对局。

第 11 局　压　箱　底

着法(红先胜)：

1. 炮五进三　炮 5 进 3
2. 车六平四　将 6 平 5
3. 炮五退三！

下一步相七退五杀，红胜。

选自 2009 年"恒丰杯"第 11 届世界象棋锦标赛赵国荣—胡伟长实战对局。

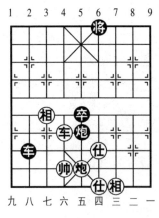

图 11

第12局 小兵欺大车

着法（红先胜）：

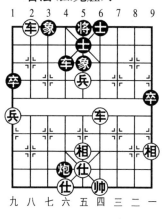

图12

1. 兵五进一　车4平5
2. 车四平六！

黑如接走车5平6，则帅四平五，炮4平1，车八平七，士5退4，车七平六，将5进1，后车进四，将5进1，前车平五，士6进5，车五退一，绝杀，红胜。

选自2002年"黄山杯"全国象棋特级大师赛赵国荣—邹立武实战对局。

第13局 步步紧逼

着法（红先胜）：

1. 马一进三　车6进1
2. 车三进三！

弃车砍马，绝妙佳着！黑如接走炮4平7打车，红则炮五进四，车6平7，车二进一，车7退1，车二平三杀，红胜。

选自2009年第29届"五羊杯"全国象棋冠军邀请赛赵国荣—徐天红实战对局。

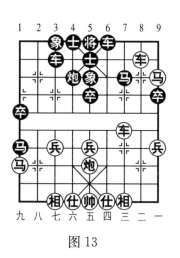

图13

第 14 局　遮风挡雨

着法(红先胜)：

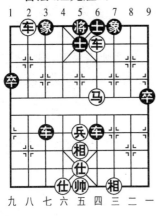

图 14

1. 相五进七！ ……

飞相挡车,妙手!

1. …… 车 3 平 5

黑如改走车 3 退 1 吃相,红则马四进六!车 6 退 5,马六退七,红胜定。

2. 车八平七　士 5 退 4

3. 车四平六！

平车叫杀,黑必补士解杀,红得车胜。

选自 2008 年第 3 届"杨官璘杯"全国象棋公开赛赵国荣—孙勇征实战对局。

第 15 局　人尽其才

着法(红先胜)：

1. 炮三平五　士 5 进 6

黑如改走将 5 平 6,红则车二进五,将 6 进1,炮五平四,士 5 进 6,车二退一,将 6 退 1,兵四进一,将 6 平 5,兵四进一,红胜。

2. 兵六平五　将 5 平 6

3. 兵五进一！ ……

以下黑有三种应着：

(1)炮 1 平 5,车二进五,将 6 进 1,兵四进一！将 6 进 1,车二平四,连将杀,红胜。

(2)马 2 进 4,车二进五,将 6 进 1,炮五平四,马 4 进 6,兵四进一,炮 1 平 6,兵五平四,将6 平 5,兵四进一！将 5 平 4,车二平六,绝杀,

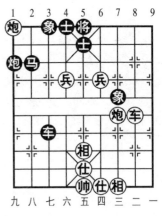

图 15

红胜。

(3)马 2 退 1,兵四进一! 炮 1 平 6,兵五平四,将 6 平 5,兵四进一,红胜。

选自 2008 年全国象棋个人赛赵国荣—洪智实战对局并添加应着。

第 16 局　人欢马叫

着法(红先胜):

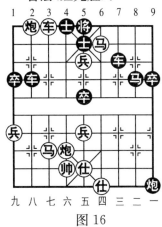

图 16

1. 前兵进一!　将 5 进 1
2. 车七退一　将 5 进 1
3. 马四进六　将 5 平 4
4. 马七进六　车 2 平 4
5. 车七平五

下一步马六退八杀,红胜。

选自 2008 年广东体育频道电视快棋赛赵国荣—陶汉明实战对局并添加续着。

第 17 局　马低兵仕巧胜炮士(1)

着法(红先胜):

1. 兵六平五　炮 4 退 4

黑如改走将 4 平 5、将 4 进 1、炮 4 进 1,详见以下各局。

2. 马四进三　炮 4 进 2

黑如改走炮 4 进 5,则马三退二,将 4 进 1,马二进四! 炮 4 退 2(黑如士 6 进 5,则兵五平六! 将 4 进 1,马四退五叫将抽炮,红胜定),马四进二,士 6 进 5,马二退一,炮 4 进 2,马一进三,士 5 进 4,马三进四,将 4 进 1,兵五平六,红得士胜定。

3. 马三退二　将 4 进 1

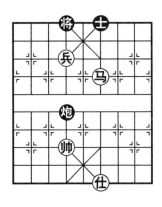

图 17

4. 马二退四

黑如接走炮 4 进 3,则马四进三,红必可得士胜。

选自 2008 年第 28 届"五羊杯"全国象棋冠军邀请赛赵国荣—柳大华实战对局。

第18局 马低兵仕巧胜炮士(2)

着法(红先胜):

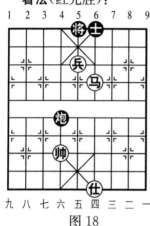
图 18

1. 马四进六　将 5 平 4
2. 马六退五!　炮 4 退 1
3. 马五进四　将 4 进 1

黑如改走炮 4 退 3,则帅六退一! 炮 4 进 3,兵五平六,红胜。

4. 马四进二　士 6 进 5
5. 马二退一　炮 4 进 2
6. 马一进三　士 5 进 4
7. 马三进四　将 4 退 1
8. 兵五平六

红得士胜定。

第19局 马低兵仕巧胜炮士(3)

着法(红先胜):

1. 马四进二!……

以下黑有两种应着:

(1)士 6 进 5,马二进四,士 5 退 4(黑如炮 4 退 2,则马四退五,炮 4 进 3,马五退七,炮 4 退 2,马七进八,将 4 退 1,兵五进一,红胜定),马四退五,炮 4 退 2,马五进三,士 4 进 5,马三进五,红得士胜定。

(2)将 4 退 1,马二进四,将 4 平 5(黑如将 4 进 1,则马四退五,炮 4 退 2,马五进三提死士,红胜定),马四退六,将 5 平 4,马六退五,炮 4 退 1,马五进四,将 4 进 1,马四进二,士 6 进 5,马二退

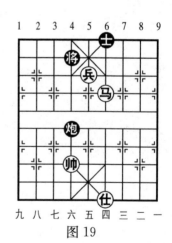
图 19

一,士5进4,马一进三,炮4进2,马三进四,将4退1,兵五平六,红得士胜定。

第 20 局　　马低兵仕巧胜炮士(4)

着法(红先胜):

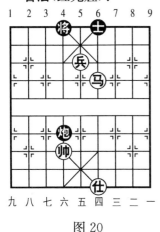

图 20

1. 马四进三! ……

以下黑有两种应着:

(1)将4进1,马三退二,士6进5,马二退四,士5进4,马四进三,炮4退1,马三进四,将4退1,兵五平六,红得士胜定。

(2)炮4退1,马三退二,炮4进1,马二进四,将4进1,马四进二,士6进5,马二退一,士5进4,马一进三,炮4退1,马三进四,将4退1,兵五平六,红得士胜定。

第 21 局　　一蹴而就

着法(红先胜):

1. 兵六进一　　……

以下黑有两种应着:

(1)将4进1,马六进七,将4退1,马七退九,红得炮胜定。

(2)将4平5,马六进七,炮1平3,兵六平五,将5平4,兵五进一杀,红胜。

选自2007年全国象棋个人赛赵国荣—王跃飞实战对局并添加应着。

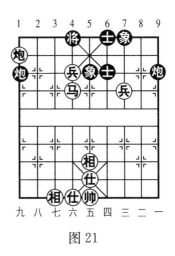

图 21

第22局 马双低兵仕相全巧胜炮单缺象

着法（红先胜）：

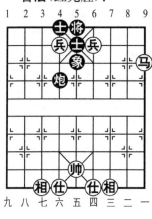

图22

1. 马一退三　炮4平6？

黑应改走士5进4逐兵。

2. 帅五平六　象5进3

3. 马三进二

下一步兵四进一！士5退6，马二退四杀，红胜。

选自2006年全国象棋甲级联赛赵国荣—尚威实战对局。

第23局 一国三公

着法（红先胜）：

1. 炮九平六！　……

平炮牵制，正确，红如改走车八进三，黑则将4进1，炮九平六，炮5平4，红不易入局。

1. ……　　　车4进1

黑如改走炮5平4，红则车八平六，黑要丢子；黑如改走象5退3，红则车八平四，黑亦难应。

2. 车八进一！士6退5

3. 兵四平五！

黑如接走炮5退3打兵，红则车八平六，将4平5，车六退四，红得车胜定。

选自2006年全国象棋甲级联赛赵国荣—张强实战对局。

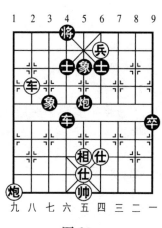

图23

第 24 局 空屋住人

着法(红先胜):

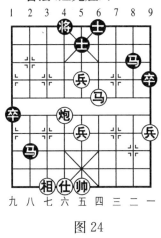

图 24

1. 马四进五! 将 4 进 1

2. 兵五平六 士 5 进 4

3. 兵六进一! 将 4 平 5

4. 炮六平五 将 5 平 6

5. 马五退三 将 6 平 5

6. 马三退五 将 5 平 6

7. 兵六平五 士 6 进 5

8. 兵五进一 将 6 退 1

9. 马五进六

下一步兵五进一杀,红胜。

选自 1998 年"红牛杯"象棋特级大师超霸赛赵国荣—吕钦实战对局并添加续着。

第 25 局 人高马大

着法(红先胜):

1. 马八进六 将 5 平 4

2. 炮五平六 ……

以下黑有两种应着:

(1)将 4 平 5,马六进七,将 5 平 4(黑如将 5 平 6,则炮六平四杀,红胜),兵五平六,绝杀,红胜。

(2)士 5 进 4,马六进四,士 4 退 5,兵五平六,绝杀,红胜。

选自 2002 年全国象棋个人赛赵国荣—李轩实战对局并添加应着。

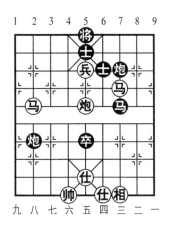

图 25

第26局 双 照 将

着法（红先胜）：

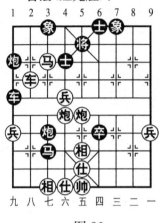

图 26

1. 车八平五　将5平4

出将，无奈之着，黑如改走象3进5，红则车五平九抽车胜；黑又如改走将5平6，红则马七进六，将6进1，车五平四，连将杀，红胜。

2. 兵六平五　士4退5

3. 车五平六　士5进4

4. 车六进一！　将4进1

5. 马七退六

连将杀，红胜。

选自2001年"派威互动电视杯"象棋超级排位赛赵国荣—苗永鹏实战对局。

第27局 三人成虎

着法（红先胜）：

1. 马三进五！　车7退1

黑如改走车7平5，则车一平三，将6进1，马五进三，将6平5，炮二平一，红胜定。

2. 炮二进一　象7进5

3. 炮二退五　将6进1

4. 炮二平四　将6平5

5. 车一进一！　将5退1

6. 车一退五　炮6平7

7. 相五进三　炮7进3

8. 车一平五

捉死马，红胜定。

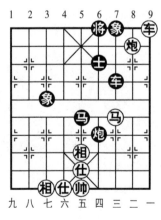

图 27

选自1999年"沈阳日报杯"世界象棋冠军赛赵国荣—李来群实战对局并添加续着。

第28局 一往无前

着法(红先胜):

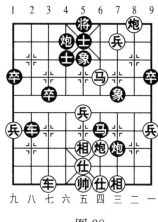

图28

1. 兵三进一 士5退6

2. 兵三平四! ……

弃兵引离,妙手!

2. …… 将5平6

3. 炮二退六! ……

以下黑方有两种应着:

(1)车2退4,车七进三,炮4平6,马四进

六! 车2平4,车七平四,将6平5,炮四进六,红

得炮胜定。

(2)炮7退1,马四退二,炮4平6,车七平

六,炮6进6,仕五进四,士4退5,马二退三,红

得子胜定。

选自1992年全国象棋个人赛赵国荣—胡荣华实战对局并添加应着。

第29局 车前有路

着法(红先胜):

1. 车四平六 将4平5

2. 车六进六 士6进5

3. 车六平五 将5平6

4. 马四进三 ……

红也可改走马四进六,车9平6,车五进一,

将6进1,车五退二,车6平4,兵四进一,黑只有

弃车砍马,红胜定。

4. …… 车9平6

5. 车五进一 将6进1

6. 马三进一 车6平8

7. 车五退二

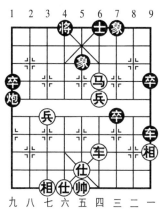

图29

至此,黑认负。

选自1991年全国象棋个人赛赵国荣—郭福人实战对局。

第30局　马仰人翻

着法(红先胜):

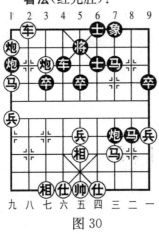

图30

1. 车八退一　将5退1

2. 炮七进二　炮1进3

3. 马九进七!

献马阻车叫杀,妙手!黑无法解杀,投子认负。

选自1989年第4届亚洲城市名手邀请赛赵国荣—陈锦安实战对局。

第31局　小材大用

着法(红先胜):

1. 车六平四　将5平4

2. 仕五进六　士5进4

3. 车四进五　将4进1

4. 仕六退五　士4退5

黑如改走马2退4,则炮五平一,卒7进1,车四退三,黑马必死,红胜定。

5. 炮五平六　马2进4

6. 车四退五

捉死马,红胜。

选自1989年全国象棋个人赛赵国荣—胡荣华实战对局并改编。

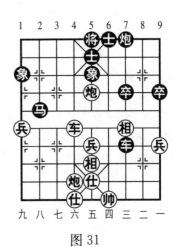

图31

第32局 背后一刀

着法(红先胜)：

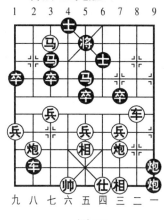

图32

1. 车二进四　马5退6
2. 炮三平四　马3进5
3. 车二退二　马5退3
4. 车二平六　后炮平4
5. 炮四退一！车2退1
6. 帅六进一　车2进6
7. 车六进二　将5退1
8. 车六进一　将5进1
9. 车六平五

绝杀,红胜。

选自1989年全国象棋个人赛赵国荣—赵庆阁实战对局并添加续着。

第33局 低兵建功

着法(红先胜)：

1. 兵三进一　将6退1
2. 兵三进一　将6进1
3. 车六平三！……

解杀还杀,妙手！

3. ……　　　车8退5
4. 炮五平八　士5进4
5. 炮八进一！车8进8
6. 相五退三

下一步车三进二杀,红胜。

选自1989年象棋棋王挑战赛赵国荣—王嘉良实战对局并添加续着。

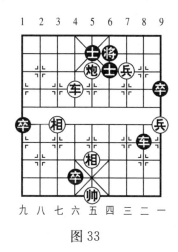

图33

第34局　绕江撒网

着法(红先胜)：

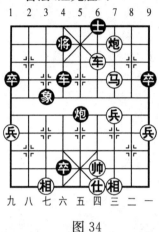

图34

1. 马三进五！　车4平8

黑如改走将4平5,红则马五进七捉车叫杀,红胜定。

2. 车四进一　　将4进1

3. 马五进四　　炮5退5

4. 炮三进一！　车8进5

5. 帅四进一　　车8退1

6. 帅四退一　　车8平5

7. 车四退三　　将4退1

8. 车四平六　　将4平5

9. 马四退三　　将5进1

10. 车六进三！

叫杀伏抽,红胜。

选自1989年全国象棋团体赛赵国荣—吴贵临实战对局并添加续着。

第35局　五毒俱全

着法(红先胜)：

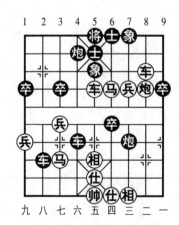

图35

1. 车二平五！　……

弃车砍象,胆大至极,真是飞来神着！

1. ……　　　车2平3

黑如改走象7进5吃车,则车五进一,下一步炮二进三杀,红胜。

2. 炮二进三　　炮4平2

3. 前车进一　　将5平4

4. 前车平八　　炮7平5

以下红有两种杀法：

(1)实战杀法:车五进三！将4平5,车八进一,车4退6,马四进三,将5进1,炮二退一杀,红胜。

(2)车八进一,将4进1,车五进二!士6进5,车八退一杀,红胜。

选自1989年象棋棋王挑战赛赵国荣—郑祥福实战对局并增加杀法。

第36局　头晕目眩

着法(红先胜):

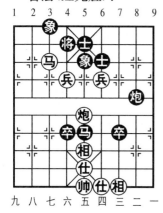

图36

1. 炮五平六　　炮8平4
2. 兵六平五　　炮4平9
3. 马七退六　　士5进4
4. 马六进八　　士4退5

黑如改走将4平5,红则兵四进一破士,黑也难以抵挡。

5. 马八进六!　炮9平4
6. 马六进八　　……

以下黑有两种应着:

(1)炮4平3,兵五平六,炮3平4,炮六平九!不管黑接走炮4平1或炮4平3,都要丢炮,红胜定。

(2)士5进4,兵五进一,马5退6(黑如士6退5,则马八退七,将4退1,兵五进一,下一步马七进八绝杀,红胜),兵四进一!马6进4,兵四进一,下一步兵五平六杀,红胜。

选自1988年象棋棋王挑战赛赵国荣—曾益谦实战对局并添加应着。

第37局　蝴蝶双飞

着法(红先胜):

1. 相五进三!　炮1平5
2. 兵五平六　　象7退5
3. 兵六平五　　象5进3
4. 兵五平六　　象3退5
5. 兵六平五　　炮5平6

在任何情况下,都不允许单方面长将,黑方犯规,只好变着。

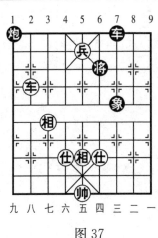

图 37

6. 车八平二　车7进2

7. 车二进二　炮6进7

8. 车二退二

下一步车二平四杀,红胜。

选自1988年全国象棋团体赛赵国荣—柳大华实战对局。

第38局　处心积虑

着法(红先胜):

1. 马六进五　车3平5

2. 车八退二　炮4进2

3. 马五退七　车8进2

黑如改走卒7进1,则马七退九,车8进2,马九进八,车8平3,兵七进一! 车3进1,车八进二,炮4退2(黑如士5退4,则车四平六,红胜),车八平七! 车5平1,车七退四,红胜定。

4. 马七进六　车5平4

5. 车八进二

黑如接走车4退2,则车四平三吃炮,红胜定;黑又如接走士5退4,则车八退三抽车胜。

至此,黑认负。

选自1988年全国象棋团体赛赵国荣—胡荣华实战对局。

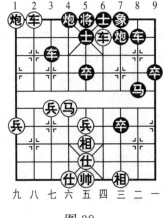

图 38

第39局　直冲到底

着法(红先胜)：

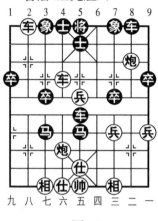

图39

1. 炮六进七！车8进2
2. 炮六平三　将5平6
3. 炮三平七　车8平4
4. 炮七退一！车4退2
5. 车六平一　将6平5
6. 炮七进一

黑如接走车4进6,红则车一进三,士5退6,炮7平4,将5进1,车八退一,车4退5,车一退一,将5退1,车一平六,下一步车八进一杀,红胜。

选自1987年第六届全国运动会象棋决赛赵国荣—卜凤波实战对局并添加续着。

第40局　心猿意马

着法(红先胜)：

1. 前马退五　车6进3

黑如改走车6进2,则马三进四,将5进1,车七进一,将5进1,马四退二！车6平5(黑如车6平8,则马五进三,车8平6,车七退一,车4退4,车七退二,车4进4,车七平五,将5平4,马三退四,卒5平6,炮四平六,车4平1,兵七进一,红胜定),马二进三,将5平6,车七退三,将6退1,车七平四,将6平5,炮四平五！卒5进1,车四进三,将5退1,车四平六杀,红胜。

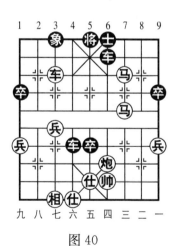

图40

2. 马三进四　将5进1
3. 马五进三　车6退1
4. 车七进一　将5进1
5. 马三进四　将5平4

21

6. 车七退一

绝杀,红胜。

本局另有一种较为简便的攻法:后马进四!卒 5 平 6,炮四平五,卒 6 平 7,仕五进四!红处处伏抽黑车,黑难以应对,红胜定。

选自 1986 年全国象棋团体赛赵国荣—蔡福如实战对局并添加续着和增加攻法。

第 41 局　人去楼空

着法(红先胜):

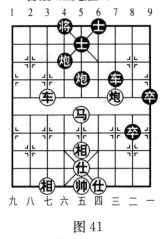

图 41

1. 车七进四　　将 4 进 1

2. 炮三平六　　炮 5 平 4

黑如改走炮 4 平 5,红则马五进六,士 5 进 4,车七退一!将 4 退 1,马六进八,将 4 平 5,马八退七,前炮平 3,炮六平五,将 5 平 4,马七进九,炮 5 退 1,炮五平六!炮 3 平 4(黑如车 7 平 4,则车七退二!车 4 进 1,车七进三,将 4 进 1,马九进七捉车叫杀,红胜),马九进七,炮 5 进 1,车七平三叫将抽车,红胜。

3. 马五进七!　后炮进 2

4. 马七进八　　将 4 进 1

5. 车七退二　　将 4 退 1

6. 车七平三

叫将抽车,红胜。

选自 1985 年全国象棋团体赛赵国荣—臧如意实战对局并添加续着。

第 42 局　斗转星移

着法(红先胜):

1. 马五进七　……

红方也可改走兵六进一破士叫将。

以下黑有两种应着:

(1)士 5 退 4,马五进六!车 2 平 4,车八退一!车 4 进 1,帅五平四!士 4 进 5,兵四平五,将 5 平 4,车九平八,炮 2 平 3,车八平七,炮 3 平 2,兵五平六!

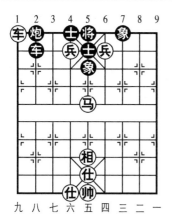

图 42

车 4 退 1，车七进一杀，红胜。

（2）将 5 平 4，马五进七，车 2 进 2，兵四平五，车 2 平 3，车八平七，象 5 退 3，车八退六，车 3 平 4，车八平四，下一步车四进六杀，红胜。

1. …… 　　　　车 2 进 2

2. 车九退一　　车 2 平 3

3. 兵六平五　　士 4 进 5

4. 兵四平五　　将 5 平 6

5. 车九平六　　车 3 退 3

6. 车六退二

下一步车六平四杀，红胜。

选自 1985 年全国象棋团体赛赵国荣—李艾东实战对局并添加续着。

第 43 局　　以退为进

着法(红先胜)：

1. 车六退一　　炮 5 进 1

2. 炮七进二！后车平 7

黑如改走后车进 1，红则车六进一，炮 5 退 1，炮七平二，红得车胜定。

3. 车三平五！马 7 退 5

4. 车六进一

绝杀，红胜。

选自 1984 年"昆化杯"象棋大师赛赵国荣—柳大华实战对局并添加续着。

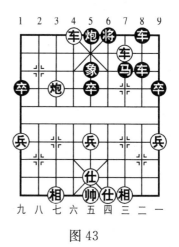

图 43

第 44 局　　风吹浪打

着法(红先胜)：

1. 马二进三　　马 8 进 6

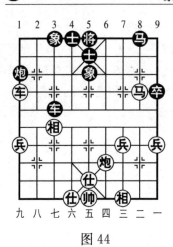

图 44

黑当然不能将 5 平 6,否则车九平四,马 8 进 6,车四平一,将 6 平 5,车一进三,士 5 退 6,车一平四! 将 5 进 1,马三退四,将 5 平 4,车四退一,士 4 进 5,车四平五,将 4 退 1,炮四平六,红胜定。

2. 车九平一　　士 5 退 6

黑如改走车 3 平 6,则炮四平五! 车 6 平 5,车一进三,士 5 退 6,车一退四,车 5 退 1,车一平四,将 5 进 1,帅五平四,炮 1 退 1,车四平九! 炮 1 进 1,车九平八! 炮 1 平 4,车八进三,炮 4 退 1,马三退四,黑必丢子,红胜定。

3. 车一平四　　炮 1 退 1

4. 车四进二　　士 4 进 5

黑如改走士 6 进 5,则车四退三,炮 1 平 7,车三平七,象 5 进 3,相三进五,红多兵胜定。

5. 炮四平二!　将 5 平 4　　**6.** 炮二进七　　将 4 进 1

7. 车四退二

红多子胜定。

选自 1983 年全国象棋个人赛赵国荣—林宏敏实战对局并添加续着。

第 45 局　兵马犯境

着法(红先胜):

1. 马二进四　　车 3 平 4

2. 马四进二　　卒 8 平 7

3. 车三平一　　车 4 平 7

黑改走士 5 进 4 或将 5 平 6 都比实战要好。

4. 车一进八　　士 5 退 6

黑如改走车 7 退 6,红则车一平三白吃车,同样形成连将杀。

5. 马二进四　　将 5 进 1　　**6.** 车一退一

红胜。

选自 1982 年全国象棋团体赛赵国荣—刘殿中实

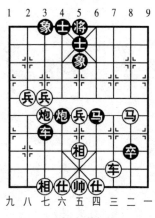

图 45

战对局并添加续着。

第 46 局　　一触即溃

着法(红先胜)：

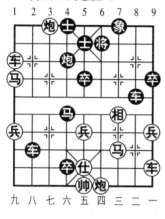

图 46

1. 车一平四　士 5 进 6
2. 车九平六　车 8 平 2
3. 车六平四　将 6 平 5
4. 前车进一　将 5 进 1
5. 后车进六

绝杀,红胜。

选自 1980 年全国象棋个人赛赵国荣—戴荣光实战对局。

第 47 局　　御驾亲征

着法(红先胜)：

1. 车二进三　将 5 退 1
2. 帅五平六　……

红也可改走炮一进二弃炮叫将。

以下黑有两种应着：

(1)车 9 退 6,帅五平六,士 6 进 5,车二平五,将 5 平 4,车五平一,连将杀,红胜。

(2)士 6 进 5,车二进一,士 5 退 6,帅五平四,卒 4 平 5,车二平四,将 5 进 1,车四退一,将 5 退 1,马五进四! 双将杀,红胜。

2. ……　　　车 9 平 5
3. 炮一进二　士 6 进 5
4. 车二进一　士 5 退 6
5. 马五进七　将 5 平 4

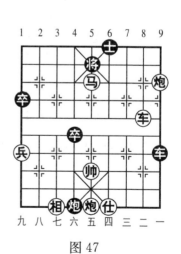

图 47

6. 车二退三　将 4 进 1

7. 车二平六

连将杀，红胜。

选自 1980 年全国象棋团体赛赵国荣—王秉国实战对局并添加续着。

第 48 局　无声无息

着法（红先胜）：

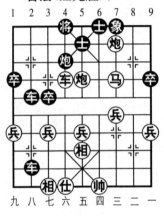

图 48

1. 炮七平八　士 6 进 5

2. 炮六平五　象 7 进 5

3. 炮五进五　将 5 平 6

4. 车六平四　士 5 进 6

5. 车四进四　将 6 平 5

6. 车四进一

下一步车七平五杀，红胜。

选自 1978 年全国象棋团体赛赵国荣—于红木实战对局。

第 50 局　大刀剜心

着法（红先胜）：

1. 马三进四！将 4 进 1

黑如改走后车退 2 或炮 4 退 1，红仍可接走炮五平三，变化与实战类同。

2. 炮五平三！象 7 进 9　　**3.** 前炮平二

伏马四退五双将，待黑将 4 退 1 后再炮三进三绝杀，黑遂认负。

选自 1979 年第四届全运会象棋决赛赵国荣—马迎选实战对局。

第 49 局　一边倒

着法（红先胜）：

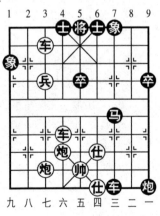

图 49

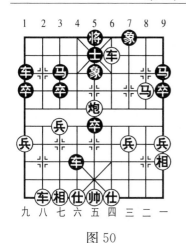

图 50

1. 车四平五! ……

以下黑有三种应着:

(1) 将 5 平 6,车五进一,将 6 进 1,车八进八,马 3 退 5,车八平五,连将杀,红胜。

(2) 将 5 平 4,车五进一,将 4 进 1,车八进八,将 4 进 1,车八平七! 车 4 进 2,帅五进一,象5 进 7,车五平六, 将 4 平 5,马二退四,将 5 平6,车六平四,绝杀,红胜。

(3) 马 3 退 5,车八进九,车 4 退 7,马二进四,将 5 平 6,炮五平四,连将杀,红胜。

选自 2006 年第 5 届"嘉周杯"象棋特级大师冠军赛赵国荣—于幼华实战对局并添加应着。

第51局 无功受禄

着法(红先胜):

1. 车二进八 将 6 进 1

2. 炮九进一! 象 7 进 5

飞象,无奈之着,黑如改走车 4 进 5 吃士,红则炮七退二杀;黑又如改走车 4 平 1 吃炮,红则车二退一叫将抽车,红胜定。

3. 车二退四 车 3 退 1

4. 帅五退一 ……

以下黑有两种应着:

(1) 车 3 平 6,炮七退一! 士 5 退 6,车二进三,将 6 退 1,炮九进一杀,红胜。

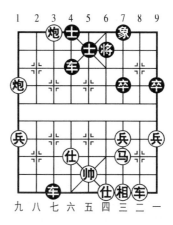

图 51

(2) 将 6 退 1,炮九进一! 士 5 退 6(黑如车4 退 1 或车 3 退 7,则车二平四杀,红胜),炮七退一,将 6 进 1,车二平四,绝杀,红胜。

选自 2005 年全国象棋甲级联赛赵国荣—宋国强实战对局并改编。

第52局　门户洞开

着法（红先胜）：

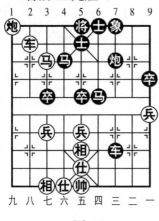

图 52

1. 马七进八　马4退3

黑如改走士5退4,则车八平六(下一步伏马八退七,士4进5,车六进一杀),黑只有弃马解危,红胜定。

2. 车八平六!　士5进4

3. 车六平七!　象7进5

4. 马八退七　马3进1

5. 马七进九　士6进5

6. 车七进一

至此,黑认负。

续着如下：士5退4,车七退四,象5退3(黑如走士4进5,则马九进七,士5退4,马七退六,将5进1,车七进三杀,红胜),马九进七,红胜定。

选自2004年全国象棋个人赛赵国荣—张申宏实战对局并添加续着。

第53局　紧拉慢唱

着法（红先胜）：

1. 车九平六　将4平5

2. 炮七平五　将5平6

黑如改走象5退3(黑如马4退5,则车六进二杀,红胜),红则车六进二,将5进1,马四退五,马6退5,马五进三,将5平6,马三进二,绝杀,红胜。

3. 马四进二

下一步伏车六平四和车六进二双叫杀,至此,黑认负。

选自2004年"安庆开发区杯"第3届全国象棋特级大师赛赵国荣—王斌实战对局。

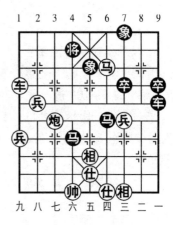

图 53

第54局 拦路虎

着法(红先胜)：

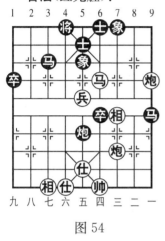

图 54

1. 炮三平六 　　将 4 平 5

2. 马四进三 　　将 5 平 4

3. 炮一平七 　　……

红可改走兵五平六，黑如接走炮 5 平 4，则兵六平七，炮 4 平 7，炮一平六，炮 7 平 4，兵七进一，红胜势。

3. …… 　　卒 6 平 5

黑改走象 5 进 3 拦炮较好。

4. 炮七退五

下一步重炮杀，红胜。

选自 2001 年第 1 届 BGN 世界象棋挑战赛赵国荣—胡荣华实战对局。

第55局 开路先锋

着法(红先胜)：

1. 前马进二 　　将 5 平 4

黑如改走炮 9 平 8，红则前车进三！车 9 平 7，马二进四，将 5 平 4，车二平六，士 5 进 4，车六进三，连将杀，红胜。

2. 车三平六 　　士 5 进 4

3. 马二进四！象 5 退 3

黑如改走车 9 进 1，红则车六进一，车 9 平 4，车六进一！将 4 进 1，车二平六，马 3 进 4，车六进一杀，红胜。

4. 车二进四 　　车 1 进 1

5. 车二平九 　　马 3 退 1

6. 炮五平六

下一步车六进一杀，红胜。

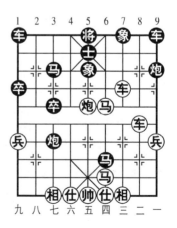

图 55

选自2001年第1届BGN世界象棋挑战赛赵国荣—尚威实战对局并添加续着。

第56局 飞来横祸

着法(红先胜)：

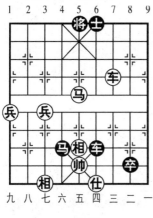

图56

1. 车三平六　马4进2

2. 马五进六　将5进1

黑如改走将5平4,红则相五进三! 士6进5,马六进八,将4平5,车六进三,绝杀,红胜。

3. 车六平五　将5平4

4. 马六退四　将4退1

黑如改走将4进1,红则车五平六,将4平5,车六进一,绝杀,红胜。

5. 车五平六　将4平5

6. 车六平八

黑认负。黑如接走将5平4,则马四退六做杀,红必可得马胜。

选自2000年全国象棋团体赛赵国荣—潘振波实战对局。

第57局 一晦一明

着法(红先胜)：

1. 车九平四　车8退2

黑如改走车8进1,红则帅五退一,车8退3,马四退二,将6平5,车四平五,将5平6,相五进三! 士4进5,车五平四,将6平5,马二进三,将5平4,车四平六,士5进4,车六进四,绝杀,红胜。

2. 马四退六　将6平5

3. 帅五平四　……

红伏有车四进六的杀着,黑如接走车8退5,则马六进七,将5进1,车四进五杀,红胜。

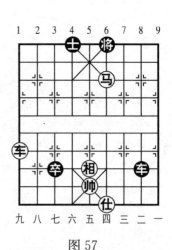

图57

红方另有一种攻法：

1. 相五退七！……

退相伏杀,妙手!

黑有三种应着如下：

(1)士4进5,车九平四！车8退7(黑如车8平4,则马四进二,将6平5,车四进六,绝杀,红胜),马四退六,将6平5,马六进七,将5平4,车四平六,士5进4,车六进四,绝杀,红胜。

(2)车8平6,马四进二,将6进1,车九进五,士4进5,车九平五,绝杀,红胜。

(3)车8退2,马四进六,士4进5,车九进六,将6进1,马六退五,将6进1,车九退二,士5进4,车九平六,红胜。

选自1997年全国象棋团体赛赵国荣—李来群实战对局并增加攻法。

第58局　项庄舞剑

着法(红先胜)：

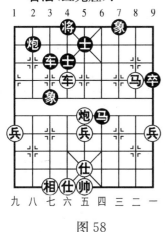

图58

1. 车六平四　马6退8

2. 车四平八　炮2平3

黑如改走炮2进1,红则炮五平六,将4平5,马二进三,将5平6,炮六平四！将6进1,炮四退四,马8退9,车八平四,士5进6,车四平五,士6退5,马三退四,士5进6,马四进二,双将杀,红胜。

3. 马二进三！士5进6

黑如改走马8进6,红则车八进三,炮3退1,炮五平六,马6退4,马三退四捉死马,红胜定。

4. 炮五平六　士4退5

5. 车八平六　炮3平4

6. 车六平七！

红抽车胜。

选自1993年全国象棋个人赛赵国荣—于幼华实战对局并添加续着。

31

第59局　单枪匹马

着法(红先胜)：

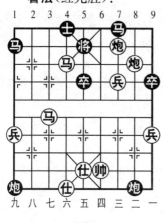

图59

1. 马六进四　将5退1

黑如改走将5进1,则兵三进一杀,红胜。

2. 炮二进二　马7进5

3. 炮三进一

闷杀,红胜。

选自1990年全国象棋个人赛赵国荣—肖革联实战对局并添加续着。

第60局　马炮仕相必胜炮双象

着法(红先胜)：

1. 马五进七　炮4平3

2. 炮五进三　将4进1

3. 帅四平五　象5进3

黑如改走象7退9,红则炮五退五,将4退1,炮五平七! 象5进3,炮七平六杀,红胜。

4. 炮五退五

下一步炮五平六杀,红胜。

选自1990年全国象棋个人赛赵国荣—万春林实战对局。

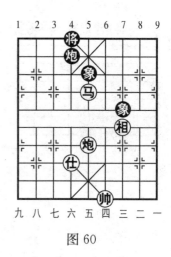

图60

第61局　步步来朝

着法(红先胜)：

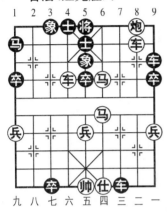

图 61

1.车二平三!……

妙手邀兑,黑如接走车7退8兑车,则马四进三吃车叫将并抽车胜。

1.……　　　　　车7平8

2.车三进一　士5退6

3.车三退四……

以下黑有三种应着：

(1)车8退9,马四进三,将5进1,车三平六,将5平6,马四进三,车9平7,前车进二,士6进5,后车平四,绝杀,红胜。

(2)象5退7,车三平六,车9平6(黑如马1进3,则马四进三,将5进1,前车进二,绝杀,红胜),前车进三,将5进1,后车进三,将5进1,后马进六,绝杀,红胜。

(3)士6进5,前马进三,将5平6,车六进三!将6进1,马四进三,车9平7,车三平四,士5进6,车六退一,将6退1,后马进五,连将杀,红胜。

选自1990年全国象棋个人赛赵国荣—林镭实战对局并改编。

第62局　变生肘腋

着法(红先胜)：

1.车一进三　将6进1

2.马三进二　车6平7

3.马五进三　车2退6

4.车六平九　车7平6

5.兵四进一

下一步马二进三杀,红胜。

选自1988年"东方—齐洛瓦杯"全国象棋邀请赛赵国荣—曹霖实战对局并添加续着。

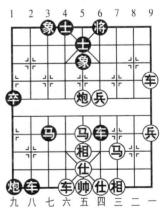

图 62

第63局 炮镇窝心

着法(红先胜)：

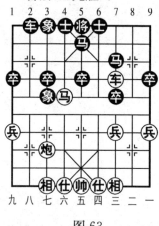

图63

1. 炮七平五！	车2进2
2. 兵三进一！	卒7进1
3. 马六进四	车2平6
4. 马四退三	象3退5
5. 马三进二	车6退1

黑如改走马5退7,则车三退三！车6进1,马二进三,车6退2,车三进四,红得子胜定。

6. 炮五平二！ 马7退9

黑如改走卒3进1,则车三进一,车6进8,帅五平四,马5进7,马二进三,将5进1,炮二进六杀,红胜。

7. 车三进二！ 车6进2

8. 马二进一

红得子胜定。

选自2011年第一届重庆"黔江杯"全国象棋冠军争霸赛赵国荣—蒋川实战对局并添加续着。

第64局 乘隙而进

着法(红先胜)：

1. 马七进五！……

以下黑有两种应着：

(1)士6进5,车四进二！红伏有车四平五的杀着,黑只有车1平6弃车解杀,红胜定。

(2)车1平5,马五退三,象5退7,车四进二,黑只好车5退1弃车砍炮,红胜定。

选自2011年全国象棋甲级联赛赵国荣—赵玮实战对局并添加应着。

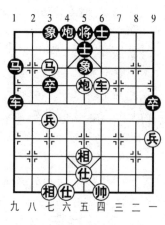

图64

第65局　车双兵双相巧胜车卒双士

着法(红先胜)：

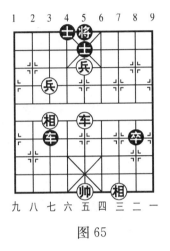

图65

1. 兵五进一	士4进5
2. 车五进四	将5平6
3. 兵七进一	卒8平7
4. 车五退二	车3平6
5. 兵七平六	卒7进1
6. 兵六进一	卒7进1
7. 车五进三	将6进1
8. 兵六平五	将6进1
9. 车五平四	

绝杀，红胜。

选自2011年"温岭·长屿硐天杯"全国象棋国手赛赵国荣—洪智实战对局并添加续着。

第66局　鸳　鸯　炮

着法(黑先胜)：

1. ……　　　车1平3!

以下红有三种应着：

(1)炮七进八，炮2进7，相五退七，车3进2，黑胜定。

(2)炮七平八，车3平5!车二平七(红如炮八平七，则炮2进7!帅五平四，车4平3，黑胜定)，车5平7，车七进四，车7平9，黑大优。

(3)车四进一，车4进2，炮七平八，炮3平2!炮八平七，车3进2，黑胜定。

选自2011年第一届重庆"黔江杯"全国象棋冠军争霸赛徐天红—赵国荣实战对局并添加应着。

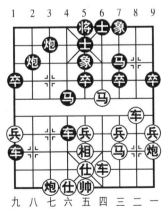

图66

第67局 单刀直入

着法(黑先胜):

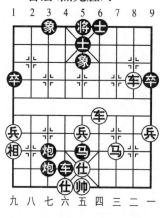

图67

1. ……　前炮平2

2. 车二平七　……

红如改走帅五平四,则车4进1杀,黑速胜。

2. ……　炮2进1

3. 相九退七　车4平3

叫杀,红只有弃车砍炮,黑得子得势胜定。

选自2008年第3届"杨官璘杯"全国象棋公开赛潘振波—赵国荣实战对局并添加续着。

第68局 狐假虎威

着法(黑先胜):

1. ……　炮8平3!

2. 车二进七　马7退8

3. 马九进七　车4进3!

进车塞马脚,伏炮三平五重炮杀,妙手!

4. 炮三平五　卒5进1!

红必丢子,认负。

选自2010年第5届"后肖杯"象棋大师精英赛蒋川—赵国荣实战对局。

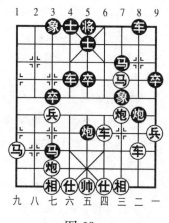

图68

第69局 丢盔弃甲

着法(黑先胜):

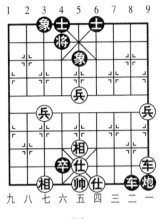

图69

1. ……　　车8退3!

弃炮,妙着!

2. 车一退一　车8平3

3. 相七进九　车3平2

4. 相九退七　车2进3

5. 仕五退六　卒4进1

6. 帅五进一　车2退1

绝杀,黑胜。

选自2010年第4届全国体育大会王天——赵国荣实战对局并添加续着。

第70局 天罗地网

着法(黑先胜):

1. ……　　　将5平6

2. 炮二退四　炮3平7!

红认负。因为红必须马一退三弃马,否则,黑下一步炮7进7打底相后形成天地炮杀势,黑胜。

选自2007年第13届亚洲象棋个人赛鲁钟能—赵国荣实战对局。

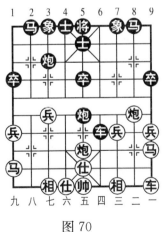

图70

第71局　隔帘相望

着法（黑先胜）：

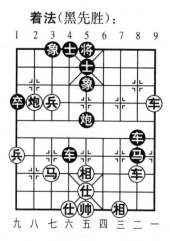

图71

1. ……　　　　车4平7!

2. 车一平三　……

红另有两种着法：

（1）车二退二，车7进3！车二平三，马8进6，帅五平四，炮5平6，连将杀，黑胜。

（2）相三进一，车7平6，车一平四，马8进6！帅五平四（红如车二平四，则车8进4，车四退二，车8平6，绝杀，黑胜），车6退3，车二进二，马6进8，帅四平五，车6进6，绝杀，黑胜。

2. ……　　　象5进7！

3. 相三进一　车8平9

4. 车三平一　车9进2!

弃车砍相叫杀，红认负。

选自2006年全国象棋甲级联赛谢靖—赵国荣实战对局。

第72局　底线突破

着法（黑先胜）：

1. ……　　　炮6进3！

炮轰底仕，绝妙攻着！

2. 车七进四　车4进4

3. 帅五进一　车7进5

4. 帅五进一　车4退2

绝杀，黑胜。

选自2006年中国象棋队访问美国友谊赛牟海勤—赵国荣实战对局并添加续着。

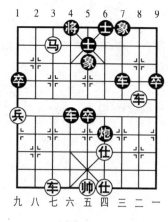

图72

第73局　十面埋伏

着法（黑先胜）：

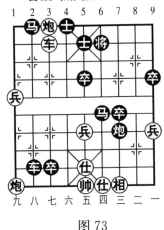

图 73

1. ……　　　　车 2 进 1
2. 仕五退六　卒 3 平 4
3. 仕四进五　马 6 进 7

下一步伏卒 4 平 5 "小刀挖心" 杀，红认负。

选自 2002 年第二届全国体育大会象棋赛柳大华—赵国荣实战对局。

第74局　冲劲十足

着法（黑先胜）：

1. ……　　　　卒 5 进 1
2. 车九平八　炮 6 平 3
3. 车八退四　车 8 进 4
4. 帅四进一　炮 3 进 3
5. 仕五进六　车 8 退 1
6. 帅六退一　卒 5 进 1!
7. 仕六进五　车 8 进 1

绝杀，黑胜。

选自 1996 年全国象棋团体赛郑乃东—赵国荣实战对局并添加续着。

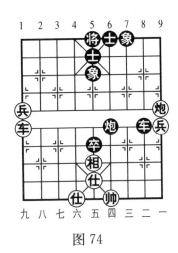

图 74

第75局 马放南山

着法（黑先胜）：

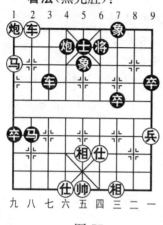

图 75

1. ……　　马 2 进 3

2. 帅五进一　……

红如改走帅五平四，则车 3 平 6！仕六进五，炮 4 进 5，黑胜定。

2. ……　　车 3 平 8！

3. 帅五平四　车 8 平 6

4. 帅四平五　车 6 进 4

红如接走帅五平六，则马 3 退 4 杀，黑胜。

选自 1994 年全国象棋团体赛刘星—赵国荣实战对局。

第76局 勾心斗角

着法（黑先胜）：

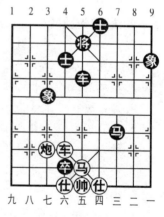

图 76

1. ……　　马 7 进 8！

2. 炮七进二　……

红如改走车六平二，则车 5 平 6！车二平五（红如车二退一吃马，则车 6 平 4！下一步卒 4 进 1 杀，黑胜），将 5 平 6，马五进三，马 8 进 6！黑胜定。

2. ……　　车 5 平 6！

3. 车六平五　将 5 平 6

4. 马五进三　……

以下黑有两种应法：

(1) 车 6 平 5！车五进四，马 8 退 6 杀，黑胜。

(2) 车 6 进 4！车五进三，车 6 进 2！马三退四，马 8 退 6 杀，黑胜。

选自 1992 年全国象棋个人赛卜凤波—赵国荣实战对局并添加攻法。

第77局 人定胜天

着法（黑先胜）：

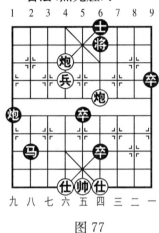

图77

1. …… 炮1进4

2. 仕六进五 马2进3

3. 仕五退六 卒6进1

下一步马3退4双将杀,黑胜。

选自1985年全国象棋个人赛刘殿中—赵国荣实战对局。

第78局 日行千里

着法（黑先胜）：

1. …… 车5进1

2. 帅六进一 马7退5!

以下红有两种应着:

(1)车八进一,马5进6! 车八平四,车5退1,帅四退一,车5平4杀,黑胜。

(2)马六进四,马5退3,车八平七,车5退6! 马四进三,将5进1,车七进一,车5平4,黑胜。

选自1985年"王冠杯"象棋大师邀请赛陈孝坤—赵国荣实战对局并添加应着。

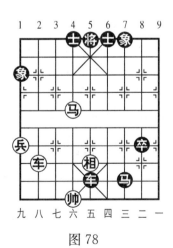

图78

第79局　冠上明珠

着法(黑先胜)：

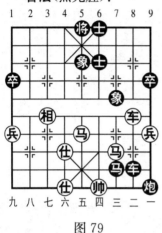

图79

1.……　　　车8进1

2.帅四进一　炮9退1!

以下红有两种应着：

(1)马三退一,车8退4,黑得车胜定。

(2)帅四进一,车8平6,马五退四,车6退1,帅四平五,车6退2杀,黑胜。

选自1985年"王冠杯"象棋大师邀请赛于幼华—赵国荣实战对局并添加应着。

第80局　清萍捉鱼

着法(黑先胜)：

1.……　　　车6平5!

2.帅五进一　车7平5

3.帅五平六　炮7平4

连将杀,黑胜。

选自1980年郭长顺—赵国荣实战对局。

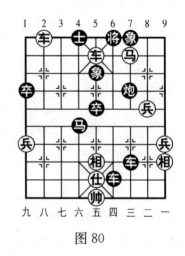

图80

第81局　拨云见日

着法(黑先胜)：

1.……　　　卒7平6!

2.帅五平四　车8进6

3.帅四进一　炮1进1

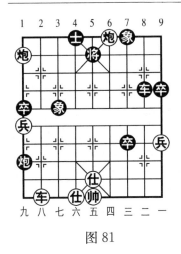

图 81

4. 仕五进六 ……

红如改走车八进一，黑则车 8 退 1，帅四退一，炮 1 进 1，车八退一，车 8 退 1(黑也可改走车 8 平 5，车八平九，车 5 进 1，帅四进一，卒 6 进 1！帅四进一，车 5 退 3！下一步车 5 平 6 杀，黑胜)，车八平九，卒 6 进 1，下一步车 8 进 2 杀，黑胜。

4. …… 车 8 退 1

5. 帅四退一 卒 6 进 1

下一步车 8 进 1 杀，黑胜。

选自 2005 年全国象棋个人赛汤卓光—赵国荣实战对局并添加续着。

第 82 局　击中要害

着法(黑先胜)：

1. …… 卒 7 进 1

2. 仕五退四 车 6 进 5！

下一步卒 7 平 6 双将杀，黑胜。

选自 2002 年全国象棋团体赛张强—赵国荣实战对局。

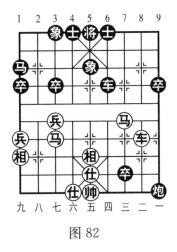

图 82

第83局　双龙盘柱

着法（黑先胜）：

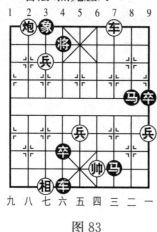

图83

1.……	车4退1
2.帅四退一	马7退5
3.帅四平五	车4进1
4.帅五进一	卒4进1!
5.帅五进一	马8进6
6.帅五平四	车4平6

连将杀,黑胜。

选自2001年"翔龙杯"象棋电视快棋赛阎文清—赵国荣实战对局。

第84局　日照当空

着法（黑先胜）：

1.……	车8平6
2.炮一平四	车6进4!
3.仕五进四	炮8平6
4.仕四退五	炮3平6

连将杀,黑胜。

选自1993年全国象棋个人赛万春林—赵国荣实战对局并添加续着。

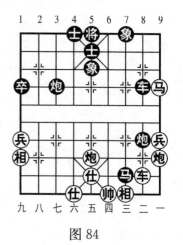

图84

第 2 章　黑龙江王嘉良残杀名局赏析

第 85 局　入穴得子

着法(红先胜):

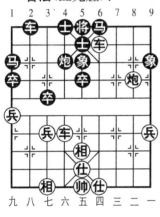

图 85

1. 炮二进三　象 9 退 7
2. 炮二平四!　炮 4 平 3
3. 炮四平六!　……

弃炮轰士,从此打开黑方大门!

3. ……　　　车 2 平 4
4. 车六平三　象 7 进 9
5. 车三平二

黑难以应付红双车的杀势,遂投子认负。

选自 1954 年哈尔滨象棋表演赛王嘉良—张东禄实战对局。

第 86 局　附骨之蛆

着法(红先胜):

1. 兵三进一!　……

进兵伏抽,逼黑车生根。

1. ……　　　车 7 退 2
2. 炮五平四!　车 7 平 4
3. 兵三进一　将 6 进 1
4. 车三平二

下一步车二退二杀,红胜。

选自 1987 年"金菱杯"象棋大师邀请赛王嘉良—

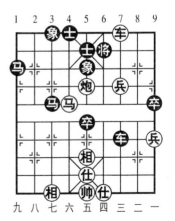

图 86

吕钦实战对局。

第87局　车马单缺仕巧胜车炮士

着法(红先胜)：

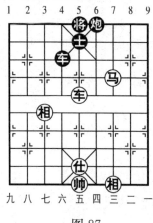

图87

1. 仕五进六！　车4退1
2. 马三进二　　车4平2
3. 马二退四　　炮6进1
4. 车五平九　　车2退1
5. 车九进三　　将5平6
6. 车九平五

红胜定。

选自1989年第二届亚洲象棋棋王赛王嘉良—李来群实战对局并添加续着。

第88局　表里相济

着法(红先胜)：

1. 车三平五　　将5平4
2. 仕五进六　　车1平2
3. 炮九进一！……

弃炮叫将，妙手！

以下黑有两种应着：

(1) 车2进1，炮九平四，红胜定。

(2) 车2平1，炮八退七，车1进1，炮八平六，车1平4，车五平八，红胜定。

选自1986年"柳泉杯"象棋大师邀请赛王嘉良—蒋志梁实战对局并添加应着。

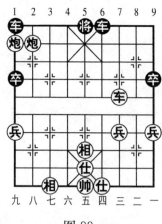

图88

第 89 局　权倾朝野

着法(红先胜)：

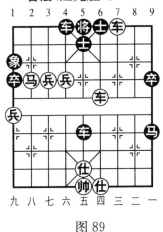

图 89

1. 马八进七　车 4 进 1
2. 兵七进一　将 5 平 4
3. 兵六进一!

捉死车,红胜。

选自 1985 年全国象棋团体赛王嘉良—徐天红实战对局。

第 90 局　奋勇争先

着法(红先胜)：

1. 马六进四　将 5 进 1

黑如改走将 5 平 4,则炮七平六,士 4 退 5,车三平六,士 5 进 4,车六进一,连将杀,红胜。

2. 车三平五　将 5 平 6
3. 马四进二　士 6 进 5
4. 炮七平四　士 5 进 6
5. 兵四平五　士 6 退 5
6. 马二退四!　将 6 进 1
7. 兵五平四

绝杀,红胜。

选自 1981 年全国象棋个人赛王嘉良—胡远茂实战对局并添加续着。

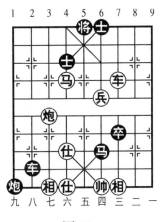

图 90

第91局　事必躬亲

着法(红先胜)：

1. 车六平四　将6平5　　**2.** 马七退六　将5平4

黑如改走将5退1，红则车四平六。

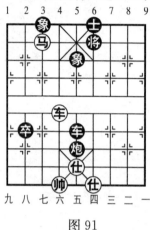

图91

红下一步伏有两种杀法：

(1)马六进四，将5进1，车六进四杀，红胜。

(2)马六进七，将5进1，车六进四，将5退1，车六平四杀，红胜。

3. 车四平六

红伏有多种杀着，黑认负。

选自1978年全国象棋团体赛王嘉良—蔡伟林实战对局。

第92局　联手进攻

着法(红先胜)：

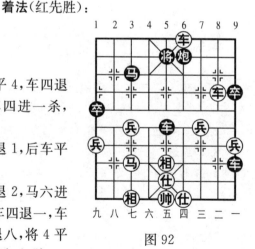

图92

1. 车二平四　马3进5

2. 马七进六！……

黑方有三种应着如下：

(1)车5平4,后车平五,将5平4,车四退一,将4退1,车五进二,下一步车四进一杀,红胜。

(2)马5进4,前车退一,将5退1,后车平八,下一步车八进三杀,红胜。

(3)炮6进8,后车平五,车5退2,马六进五,炮6平9,马五进七,将5进1,车四退一,车9平8,马七进六,将5平4,马六退八,将4平5,马八退七,将5平4,车四退一,绝杀,红胜。

选自1975年第三届全国运动会象棋预赛王嘉良—刘殿中实战对局并添加应着。

第 93 局　拍案叫绝

着法(红先胜):

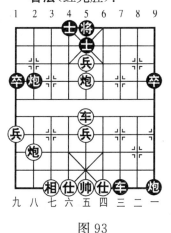

图 93

1. 前兵进一!　将 5 进 1

2. 炮五平七!　将 5 平 6

3. 车五平四　将 6 平 5

4. 炮八平五　将 5 平 4

5. 车四平六

连将杀,红胜。

选自 1974 年全国象棋个人赛王嘉良—胡荣华实战对局并添加续着。

第 94 局　千里传音

着法(红先胜):

1. 车八进五　士 5 退 4

2. 马六进七　车 7 平 1

黑如改走车 7 进 4,红则帅五退一,象 9 退 7,车八退四,士 4 进 5,马七进八,士 5 退 4,车八平五,将 5 平 6,马八退七,将 6 进 1,马七进六,将 6 进 1,车五平四,马 5 退 6,车四进一杀,红胜。

3. 车八平六　将 5 进 1

4. 车六退二

黑如接走车 1 退 2,红则炮九退五,车 1 进 3,车六退三,将 5 平 6,车六平五,红胜。

选自 1965 年全国象棋个人赛王嘉良—杨官璘实战对局。

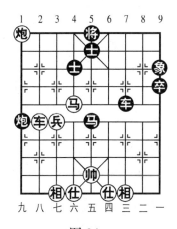

图 94

第95局　四子归边

着法(红先胜)：

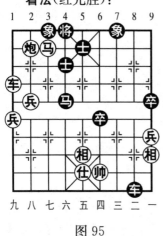

图95

1. 车九进三　象7进5
2. 炮八进一　将4进1
3. 炮八退一　将4退1
4. 炮八进一　将4进1
5. 马七退六　象3进1
6. 马六进八　马4退3
7. 车九退一　将4退1
8. 车九平七

至此,黑认负。

选自1964年全国象棋个人赛王嘉良—胡荣华实战对局。

第96局　横砍一刀

着法(红先胜)：

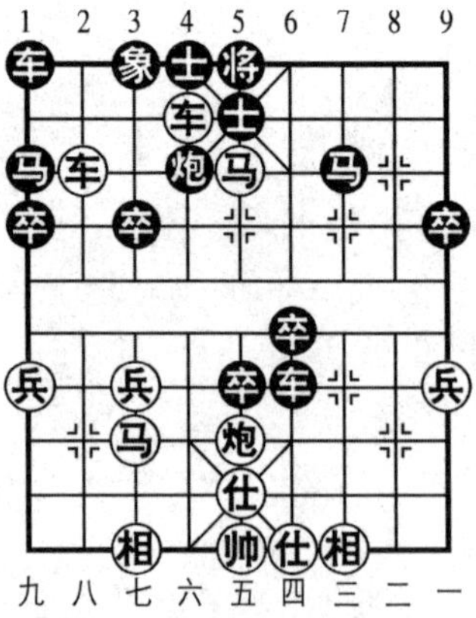

1. 车八平六！士5进4

黑如改走卒5进1,红则马五进三,将5平6,后车平三,红胜定。

2. 车六进一　将5进1
3. 马五退四！卒5进1
4. 马四进三　将5进1
5. 车六平五　将5平6
6. 车五平四　将6平5
7. 车四退一　士4退5
8. 车四平五　将5平6
9. 马三退四

图96

下一步马四进六或马四进二杀,红胜。

选自1962年全国棋艺锦标赛王嘉良—刘凤春实战对局并添加续着。

第97局　攻不忘守

着法(红先胜)：

1. 炮九进七　士 5 进 6

2. 炮九平六！车 6 平 9

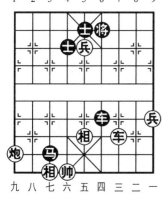

图 97

3. 车三进六　将 6 退 1

4. 兵五进一！士 6 退 5

5. 车三进一

绝杀,红胜。

选自 1956 年全国象棋个人赛王嘉良—杨官璘实战对局并添加续着。

第98局　虎口拔牙

着法(红先胜)：

1. 车六进三！炮 6 平 4

2. 车三平五　将 5 平 6

3. 车五进一　将 6 进 1

4. 兵四进一！将 6 进 1

5. 车五平四

连将杀,红胜。

选自王嘉良—李来群实战对局。

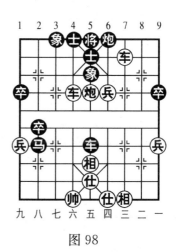

图 98

第99局　借车使炮

着法(红先胜)：

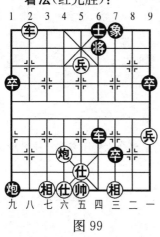

图99

1. 车八退一	士6进5
2. 兵五进一！	将6进1
3. 车八退一	象7进5
4. 炮六进五	象5退7
5. 炮六进二	象7进5
6. 炮六平五	车6平5
7. 车八退一	车5平6
8. 车八平三	

下一步车三进一杀，红胜。

选自1977年全国象棋团体赛王嘉良—胡荣华实战对局并添加续着。

第100局　双车救驾

着法(黑先胜)：

1. ……　　　　马4进5！

2. 相五退三　……

红如改走帅五平四，黑则车8进3，相五退三，车8平7，帅四进一，马5进4，帅四进一，车7退2，连将杀，黑胜。

2. ……　　　　马5进6！

3. 帅五平四　……

红如改走仕五进四，则车4进1，帅五进一，车8进2，帅五进一，车4退2杀，黑胜。

3. ……　　　　车8平6！

4. 仕五进四　……

红如改走马三退五，则马6进8，帅四平五，车6进3！仕五退四，马8退6杀，黑胜。

5. ……　　　　车6进1

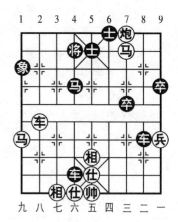

图100

6. 帅四平五　车 4 进 1

7. 帅五进一　车 6 进 2

下一步车 4 平 5 绝杀，黑胜。

选自 1956 年全国象棋个人赛邓裕如—王嘉良实战对局并添加续着。

第 101 局　礼贤下士

着法（黑先胜）：

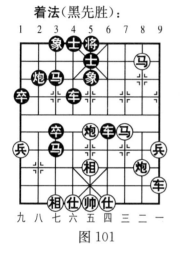

图 101

1. ……　　　　车 4 进 6！

以下红有两种应着：

(1) 帅五平六，车 6 进 4 杀，黑胜。

(2) 帅五进一，马 3 进 4，下一步炮 2 进 6 杀，黑胜。

选自 1979 年第四届全国运动会象棋决赛王岐兴—王嘉良实战对局并添加应着。

第 102 局　车马杀敌

着法（黑先胜）：

1. ……　　　　车 5 退 2

2. 车五平六　马 5 进 3

3. 车六平七　马 3 进 2

以下红有两种应着：

(1) 车七退四，车 5 进 2！捉死车，黑胜定。

(2) 帅六进一，车 5 平 3！逼兑红车，黑胜定。

选自 1978 年辽宁、黑龙江、河北三省象棋邀请赛李来群—王嘉良实战对局并添加应着。

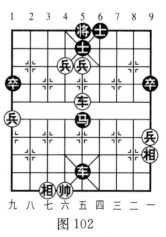

图 102

第103局 有来无回

着法（黑先胜）：

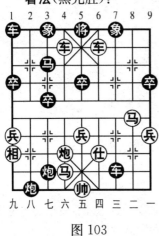

图103

1. ……	车7进1
2. 马六退四	炮3进1
3. 帅五进一	车7退1
4. 帅五进一	炮3退2
5. 炮六进二	炮2退2

连将杀，黑胜。

选自1975年第三届全国运动会象棋预赛程福臣—王嘉良实战对局并添加续着。

第104局 在此一举

着法（黑先胜）：

| 1. …… | 炮4平1 |
| 2. 帅五平六 | …… |

红如改走仕五进四,则马8退6,帅五进一,炮2退1,帅五平四,炮1进3!帅四进一,卒4平5,下一步卒5平6杀,黑胜。

2. ……	马8进6!
3. 仕五退四	卒4进1
4. 帅六平五	卒4进1

下一步炮1进4杀,黑胜。

选自1954年韩福德—王嘉良实战对局并添加续着。

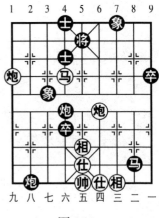

图104

第 105 局　在劫难逃

着法（黑先胜）：

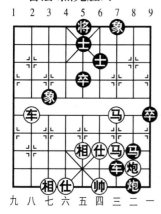

图 105

1. ……　　　车 7 进 1

2. 帅四进一　车 7 退 2

3. 马三退二　车 7 平 8

4. 炮二平三　车 8 进 1

5. 车八平三　炮 8 平 7！

黑必可得炮，红认负。

选自 1962 年东北联队—上海队象棋友谊赛何顺安—王嘉良实战对局。

第3章 黑龙江王琳娜残杀名局赏析

第106局 动人心魄

着法（红先胜）：

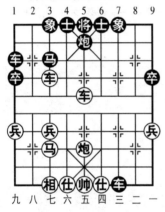

图106

1. 车五进三！ 将5进1

2. 马七进五 象7进5

黑如改走马3进5,红则车七平五,象7进5,车五平七。

以下黑有两种应着：

（1）车1退1,马五进七,象5退7,车七平五,将5平6,车五平四,将6平5,马七进五,象7进5,马五进四！象5进3,车四平五,象3退5,车五平九,将5平6,炮五平四！将6平5,车九进二杀,红胜。

（2）将5平6,马五进四,士6进5,车七平四,士5进6,车四进一！将6进1,炮五平四杀,红胜。

3. 马五进六 象5进7

4. 马六进四 ……

黑方有两种应着：

（1）将5进1,车七平五,将5平4,车五进二杀,红胜。

（2）将5退1,车七平五,士4进5（黑如象3进5,则马四进三,将5进1,车五平八,将5平6,车八平四,绝杀,红胜）,马四进三,将5平4,车五平六,士5进4,车六进一杀,红胜。

选自2006年全国象棋个人赛王琳娜—文静实战对局并添加应着。

第 107 局　车横将路

着法(红先胜)：

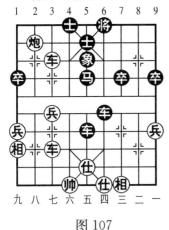

图 107

1. 后车平二！　士 5 进 4

黑如改走马 5 退 7，红则炮八进一，将 6 进 1，车二进六，将 6 进 1，炮八退一！士 5 进 4，车七进一，士 4 退 5，车七平五！下一步车二平四杀，红胜。

2. 车二进七　　将 6 进 1

3. 车七进一　　士 4 进 5

4. 车二退一　　将 6 退 1

黑如改走将 6 进 1，红则车七平五！下一步伏车二退一杀，红胜。

5. 车七进一！　象 5 退 3

6. 车二进一

绝杀，红胜。

选自 2002 年全国象棋个人赛王琳娜—韩冰实战对局并添加续着。

第 108 局　鸠占鹊巢

着法(红先胜)：

1. 马四退六　　士 6 退 5

2. 车六平五　　……

以下黑有两种应着：

(1) 车 8 平 6，车五退一，将 6 退 1，车五退二杀，红胜。

(2) 车 8 退 8，车五退一，将 6 退 1，车五平四！将 6 平 5，车四进一杀，红胜。

选自 1996 年"铁力杯"中国象棋女子八强赛王琳娜—胡明实战对局并添加应着。

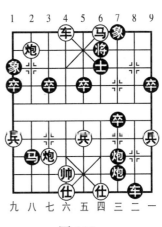

图 108

第 109 局　弃马活炮

着法(红先胜)：

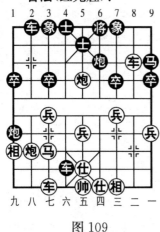

图 109

1. 马七进八！……

跃马打车，妙手！

1. ……　　　　　车 2 进 5

2. 炮八平四　　炮 6 平 5

3. 车二平四　　将 6 平 5

4. 车四平三　……

以下黑有两种应着：

(1)将 5 平 6，车三进二，将 6 进 1，炮五平四杀，红胜。

(2)马 9 退 7，车三进一，象 7 进 9，车三平二，将 5 平 6，车二进一，将 6 进 1，炮五平四杀，红胜。

选自 2004 年全国象棋个人赛王琳娜—文静实战对局并添加应着。

第 110 局　天　地　会

着法(红先胜)：

1. 炮八进七　　车 3 退 3

2. 车六进五

天地炮杀，红胜。

选自 2003 年第 11 届亚洲象棋名手邀请赛王琳娜—郭玉尺实战对局。

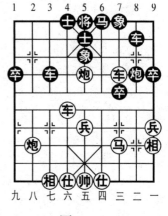

图 110

第111局 格杀勿论

着法(红先胜):

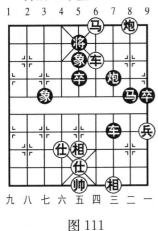

图111

1. 车四平二 马8进9

黑如改走将5平6,红则马四退二,马8进9,车二平三,将6平5,马二进四!将5平6,马四退六,将6平5,车三进一,将5退1,马六退四!将5平4,马四进三,绝杀,红胜。

2. 马四退三 将5平4
3. 车二进一 将4退1
4. 马三进四 象5退7
5. 车二平八 将4平5
6. 车八进一 将5进1
7. 马四退三 将5平4
8. 车八平六

绝杀,红胜。

选自2003年全国象棋团体赛王琳娜—赵冠芳实战对局并改编。

第112局 急风骤雨

着法(红先胜):

1. 马六进四! 士5进6   **2.** 车六进四

连将杀,红胜。

选自1998年全国象棋个人赛王琳娜—章文彤实战对局。

第113局 敌退我进

着法(红先胜):

1. 马六进七 马4进6

黑如改走象5进3,红则马七退五,象3退5,马五退七!炮3平2,马七退五,马7退5,炮

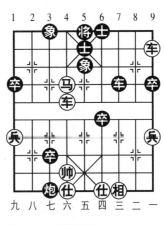

图112

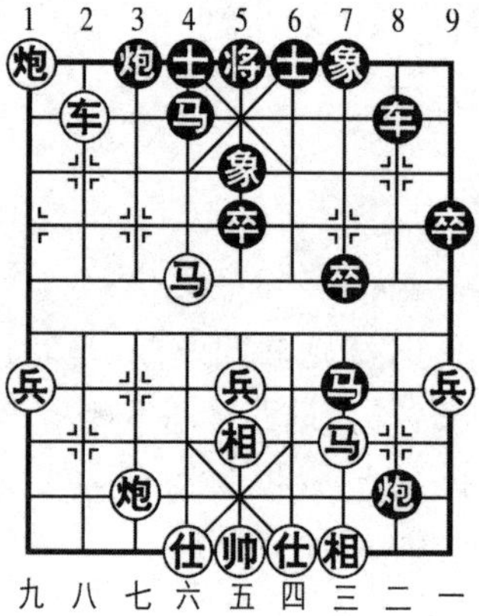

图 113

七进八，将 5 进 1，炮七退一，将 5 退 1（黑如马 4 进 3，则炮七退一，红胜定），炮七平二，红得车胜。

2. 车八平六！

双叫杀，红胜。

选自 1995 年全国象棋个人赛王琳娜—袁泽莲实战对局。

第 114 局　天长地久

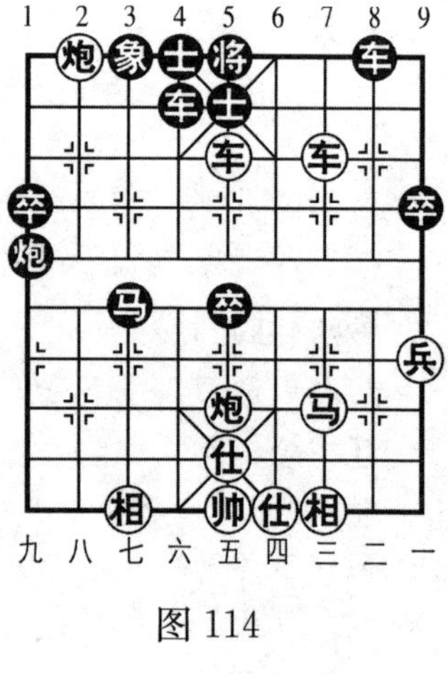

图 114

着法（红先胜）：

1. 车五进一！　车 4 平 5

2. 车三平六　将 5 平 6

3. 车六进二　将 6 进 1

4. 车六平二

黑车难逃，红胜。

选自 1997 年全国象棋团体赛王琳娜—尤颖钦实战对局并添加续着。

第 115 局　誓不罢休

着法（红先胜）：

1. 炮一平三！　车 8 退 5

2. 炮三进六！　车 8 平 7

3. 炮三平二　车 7 进 1

4. 炮二进一　车 7 退 1

5. 炮二退一　将 5 平 4

黑长捉犯规，只好变招。

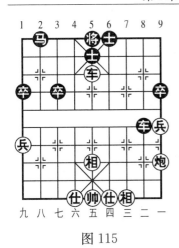

图 115

6. 车五平八　马 2 进 4

7. 车八平七

黑马必死,红胜。

选自 2011 年第 3 届"句容茅山·碧桂园杯"全国象棋冠军邀请赛王琳娜—尤颖钦实战对局。

第 116 局　　车低兵仕相全巧胜车卒双象

着法(红先胜):

1. 兵六进一　车 2 退 1

2. 仕五退六! 象 5 进 7

3. 车六进一! 象 7 进 5

4. 车六进一　车 2 进 3

黑如改走象 7 退 9,则兵六进一,将 5 进 1
(黑如将 5 平 6,则车六平四,车 2 平 6,兵六平
五! 将 6 平 5,车四进二,红得车胜),车六平二,
将 5 平 4,车二进二,将 4 退 1,车二平八,红
得车胜。

5. 车六平九　车 2 退 4

6. 车九进二

红胜定。

选自 2009 年第 1 届全国智力运动会王琳娜—郑轶莹实战对局并改编。

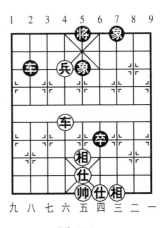

图 116

第117局　断龙石

着法(黑先胜)：

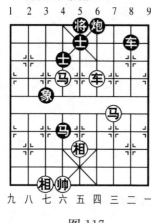

图117

1.……	车8进8
2.帅六进一	车8平5
3.马三退五	……

红应改走马六退七防守较好,黑如接走车5退2吃象,红则车四平六捉马,黑方虽然占优,但红尚可纠缠。

3.……	马4进2
4.马五退七	车5退2

捉死马,黑胜。

选自2008年"顺德杯"女子棋王过宫炮争霸赛张国凤—王琳娜实战对局。

第118局　进退自如

着法(黑先胜)：

1.……	车4进6
2.炮二进一	车4退1
3.炮八退三	车4平6
4.仕五进四	车6进2
5.炮八平四	车3进3
6.帅四平五	车6平5!
7.炮四平五	马1退3
8.帅五平四	车5平6
9.马五退四	车3平4
10.炮五退一	车4平5

绝杀,黑胜。

选自2002年第2届全国体育大会象棋赛陈晓萍—王琳娜实战对局并添加续着。

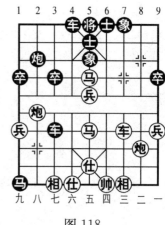

图118

第 119 局　浅斟低唱

着法(黑先胜)：

1. ……　　　马 3 进 5！

2. 帅四进一　车 4 进 1！

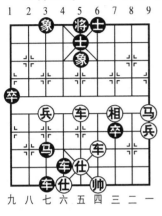

图 119

3. 帅四平五　车 4 平 5

4. 帅五平四　车 3 退 1

5. 车五退三　车 3 平 5

绝杀,黑胜。

选自 2003 年第 11 届亚洲象棋名手邀请赛常虹—王琳娜实战对局并添加续着。

第 120 局　飞鸿踏雪

着法(黑先胜)：

1. ……　　　马 1 进 2

2. 仕五退六　……

红如改走炮七退三,黑则炮 1 平 3,黑得子胜定。

2. ……　　　马 2 退 3

3. 仕六进五　卒 4 进 1

连将杀,黑胜。

选自 2003 年第 11 届亚洲象棋名手邀请赛张心欢—王琳娜实战对局。

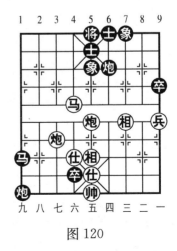

图 120

第 121 局　以理服人

着法（黑先胜）：

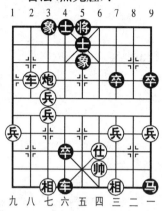

图 121

1.……　　　　卒 4 进 1

2. 仕四退五　车 4 平 7

以下红有两种着法均难解危：

(1) 车八退四，车 7 退 1，帅四退一，卒 4 平 5，下一步车 7 进 1 杀，黑胜。

(2) 炮七平一，马 9 退 8，帅四进一，车 7 退 2，帅四退一，车 7 退 1，帅四进一，马 8 进 7！帅四平五（红如帅四退一，则车 7 平 6，仕五进四，车 6 进 1 杀，黑胜），车 7 进 1，仕五进四，车 7 平 6 杀，黑胜。

黑另有一种攻法：

马 9 退 8，帅四平五，马 8 进 7，帅五平四，卒 4 进 1，下一步伏马 7 退 8 杀，黑胜。

选自 1999 年第 10 届"银荔杯"象棋争霸赛胡明—王琳娜实战对局并改编。

第 122 局　天花乱坠

着法（黑先胜）：

1.……　　　　炮 2 平 5

2. 炮五平六　车 7 退 1！

连将杀，黑胜。

选自 1996 年全国象棋团体赛廖艳丽—王琳娜实战对局。

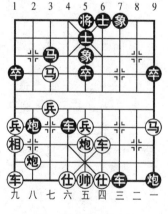

图 122

第 123 局　千回百转

着法（黑先胜）：

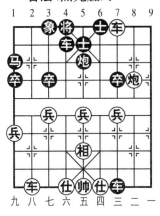

图 123

1. ……	车 4 进 6
2. 仕六进五	车 4 平 5
3. 车八进一	车 5 平 6
4. 车八平六	将 4 平 5
5. 帅五平六	车 6 进 2!
6. 仕五退四	车 7 平 6

绝杀，黑胜。

选自 1995 年全国象棋团体赛马革英—王琳娜实战对局并添加续着。

第4章 黑龙江郭莉萍残杀名局赏析

第124局 一剑封喉

着法（红先胜）：

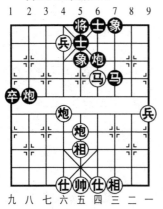

图124

1. 马四进六！……

以下黑有两种应着：

(1) 炮6平4,兵六进一杀,红胜。

(2) 炮2平4,兵六平五,将5平4,马六进八杀,红胜。

选自2009年中越象棋友谊交流赛郭莉萍—黄氏海平实战对局并添加应着。

第125局 当头一棒

着法（红先胜）：

1. **炮六平五 象5进7**

黑如改走象5进3,红则炮九退一,将5进1,车七平五,将5平6,炮五平四,炮7平5,炮九平五,士6进5,炮四退一,将6退1,车五平四,士5进6,车四平八,红抽车胜。

2. **炮九退一 将5退1**　3. **炮九平三**

黑如接走马9退7吃炮,则车七平五,士6进5,车五平八带响将抽车,红胜。

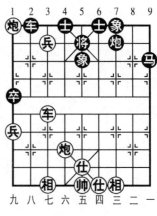

图125

选自 2002 年全国象棋个人赛郭莉萍—杨伊实战对局。

第 126 局　避实击虚

着法(红先胜)：

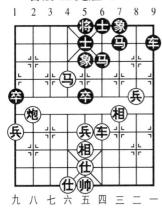

图 126

1. 马六进七　将 5 平 4
2. 兵五进一！象 5 进 3
3. 车四平六　马 6 退 4
4. 炮八进四　士 5 进 4
5. 车六进三！卒 5 进 1
6. 车六平九　将 4 平 5
7. 炮八平六

红得子胜定。

选自 2004 年全国象棋个人赛郭莉萍—刘欢实战对局并改编。

第 127 局　日月参辰

着法(红先胜)：

1. 车四进三　将 5 进 1
2. 车四退一　将 5 退 1
3. 炮五平二！

下一步炮二进八重炮杀,红胜。

选自 2004 年全国象棋团体赛郭莉萍—郭瑞霞实战对局。

第 128 局　象眼防塞

着法(红先胜)：

1. 炮四进六！车 8 平 5
2. 仕四进五　车 5 平 7

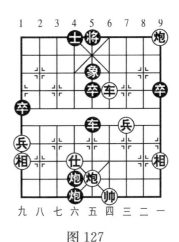

图 127

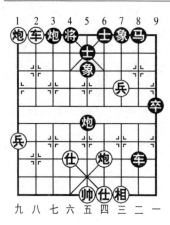

图 128

3. 仕五退四　士5进6

4. 炮四平八　将4进1

5. 车八平七

下一步伏炮九退一,将4进1,车七退二杀,红胜。

选自2003年全国象棋个人赛郭莉萍—赵冬实战对局。

第129局　双管齐下

着法(红先胜):

1. 车八进四　车4退3

2. 马六进八!　车4平2

3. 马八进六　将5平4

4. 炮五平六

绝杀,红胜。

选自2003年全国象棋团体赛郭莉萍—刘君实战对局并添加续着。

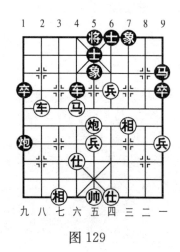

图 129

第130局　时来运转

着法(红先胜):

1. 马七进六　将6退1

2. 仕五进四!　马6进4

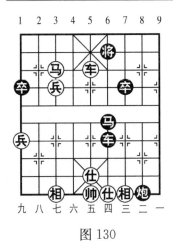

图 130

3. 车五进二　将 6 进 1

4. 车五平二　将 6 进 1

5. 车二退二

绝杀，红胜。

选自 2003 年全国象棋团体赛郭莉萍—朱伟频实战对局并添加续着。

第 131 局　推三阻四

着法（红先胜）：

1. 马五进四　士 4 进 5

黑另有两种应着如下：

(1) 马 4 退 3，炮五进二，士 4 进 5，炮五平六，士 5 进 4，兵六进一杀，红胜。

(2) 马 4 退 5，炮五平六！炮 6 平 4，兵六平五！马 5 进 4，兵五进一，士 4 进 5，兵五进一，将 4 退 1，马四退六，下一步马六进七杀，红胜。

2. 炮五进一　士 5 进 6

3. 马四退六　马 4 退 5？

退马，劣着，黑应改走炮 6 退 1，虽落下风，尚可纠缠。

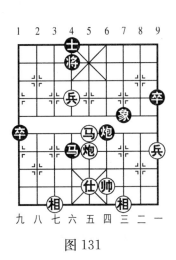

图 131

4. 兵六进一！

弃兵引离，妙着！黑必退马吃兵，红马六退四得炮胜定。

选自 2003 年第 14 届"银荔杯"象棋争霸赛郭莉萍—冯晓曦实战对局。

第 132 局 阴阳两隔

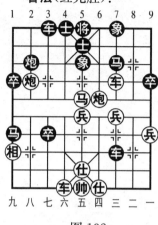

图 132

着法(红先胜)：

1. 车六进七! ……

虎口献车，有胆有识!

1. ……　　　车 7 平 1

黑如改走士 5 进 4 吃车，红则马五进四，将 5 进 1，炮八平五，将 5 平 4，炮四平六，士 4 退 5，炮五平六，连将杀，红胜。

2. 车三进一　车 1 进 2

3. 仕五退六　卒 3 平 4

4. 马五进四!　士 5 进 6

5. 炮八平五　象 5 进 7

6. 车六平五　士 6 退 5

7. 车三进二

绝杀，红胜。

选自 2001 年全国象棋个人赛郭莉萍—张国凤实战对局并添加续着。

第 133 局 推波助澜

着法(红先胜)：

1. 车二平四　将 6 平 5

2. 帅五平四!　士 5 进 6

3. 车四进五　马 3 进 2

4. 炮九平二!　象 5 进 7

5. 车四进二　将 5 进 1

6. 炮一退一　将 5 进 1

7. 车四退二

绝杀，红胜。

选自 2001 年全国象棋个人赛郭莉萍—伍霞实战对局并添加续着。

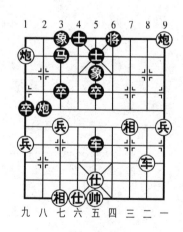

图 133

第134局 兔起鹘落

着法(红先胜):

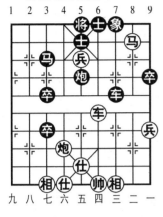

图134

1. 车四进五! 士5退6

2. 马二退四 将5平4

3. 兵五平六 车7平4

4. 兵六进一

连将杀,红胜。

选自2000年全国象棋个人赛郭莉萍—韩冰实战对局并添加续着。

第135局 进退维谷

着法(红先胜):

1. 车七进三 车4退6

黑如改走士5退4,红则帅五平四,士6进5,车四进三! 车4平5,兵五进一,车5退5,车四进一,绝杀,红胜。

2. 车七退六 车4进3

3. 车四进三 车4退2

黑如改走车2进2,红则兵五进一! 士6进5,车七进六,士5退4(黑如车4退3,红则车七退一,车2平5,帅五平四,车4进3,车七平五! 车5退2,车四进一,绝杀,红胜),车七退二,士4进5,车四平二! 士5退6(黑如车4平8,则车七进二,士5退4,车二平六,红胜),车二进一,车4退2,车七平四,红胜定。

4. 帅五平四 车4平3

5. 车七平三 将5平4

6. 车三进六

下一步兵吃中士,红胜。

选自1999年全国象棋团体赛郭莉萍—柳静实战对局并添加续着。

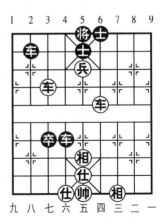

图135

第136局　名门高士

着法(红先胜)：

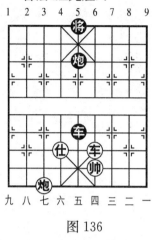

图136

1. 仕六退五　车5平7？

平车劣着,导致败局,此着黑方最正确的应着是炮5平6献炮叫将,车四进五,车5进2,帅四进一,车5进1,炮七进一,车5退2,帅四退一,车5进1,帅四退一,车5平3,和棋。

2. 车四平五！车7进2

3. 帅四退一　车7退6

4. 车五进五！车7平5

5. 炮七平五　将5进1

6. 帅四进一　将5退1

7. 炮五进七

红胜。

选自1995年全国象棋个人赛郭莉萍—单霞丽实战对局并改编。

第137局　鞠躬尽瘁

着法(红先胜)：

1. 马二进三　将5平6

2. 兵四平五　象7进5

3. 马三退五　炮3平5

4. 马五退三！士5退4

黑如改走车6退2,红则马三进二,将6进1,车八平五,红得炮胜。

5. 马三进二　将6进1

6. 车八退一

不管黑接走士4进5或炮5进1解将,红都马二退三叫将抽车胜。

选自1992年全国象棋个人赛郭莉萍—朱伟频实战对局。

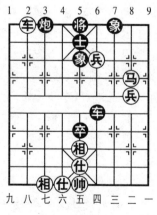

图137

第 138 局 决断如流

着法（黑先胜）：

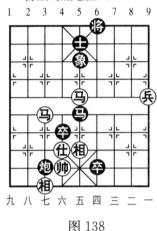

图 138

1. ······　　马 5 进 3

2. 帅六退一　卒 4 进 1

3. 马五退四　卒 4 进 1

4. 帅六平五　马 3 进 5

下一步卒 4 进 1 或卒 6 进 1 杀，黑胜。

选自 2008 年全国象棋团体赛励娴—郭莉萍实战对局并添加续着。

第 139 局 有机可乘

着法（黑先胜）：

1. ······　　炮 5 进 4！

以下红有三种应着：

（1）马七进五，车 4 平 5！仕六进五，马 2 进 3 杀，黑胜。

（2）马五退六，车 4 退 2，车九平八，马 2 进 3！炮七退二，车 4 进 3 杀，黑胜。

（3）兵三进一，车 4 进 1！马七退六，马 2 进 3，绝杀，黑胜。

选自 2002 年全国象棋个人赛龚勤—郭莉萍实战对局并添加应着。

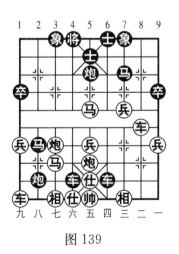

图 139

第140局 先礼后兵

着法（黑先胜）：

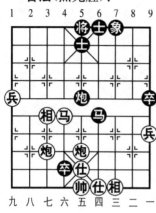

图140

1.……	马6进8
2.马六退四	将5平4！
3.炮七平六	马8进6！
4.炮六平四	卒4进1

绝杀，黑胜。

选自2005年第1届"威凯房地产杯"全国象棋排名赛曹岩磊—郭莉萍实战对局并添加续着。

第141局 渴骥奔泉

着法（黑先胜）：

1.……	马6进7！
2.帅五平四	车7平6
3.仕五进四	马7退5
4.仕六进五	炮5平6

以下红有两种应着：

(1)炮三进一，车6平1，帅四平五，车1进3，仕五退六，车1平4，帅五进一，炮6平5，车三平一，卒5平4！帅五进一，卒4平5杀，黑胜。

(2)帅四平五，马5进3，帅五平六，车6平4，仕五进六，车4进1杀，黑胜。

选自2003年全国象棋团体赛张晓霞—郭莉萍实战对局并添加应着。

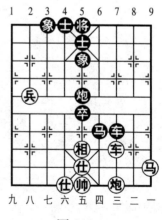

图141

第 142 局 平地高楼

着法（黑先胜）：

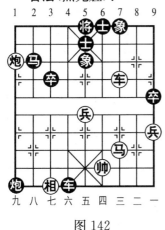

图 142

1. ……	车 4 退 1
2. 帅四进一	马 2 进 3
3. 车三退三	……

红如改走车三退二，则马 3 进 4，帅四平五，车 4 平 2，帅五平六，炮 1 退 2，下一步马 4 进 2 杀，黑胜。

3. ……	马 3 进 5
4. 车三平五	车 4 平 5
5. 相七进五	炮 1 退 2!
6. 相五退七	车 5 退 2

黑得车胜定。

选自 1998 年全国象棋个人赛黎德玲—郭莉萍实战对局并添加续着。

第 143 局 陷 马 车

着法（黑先胜）：

1. ……	马 8 进 7
2. 车四退一	车 7 进 1
3. 马四进二	车 7 平 9!

红如接走车四平三，则车 9 进 2，车三退一，车 9 平 7，黑得车胜。

黑另有一种攻法：

车 7 进 3，车四进一（红如车四平二，黑则马 8 退 6，下一步马 6 进 4 胜），马 8 进 7，车四退二，卒 5 进 1，兵九进一，卒 5 平 6，兵九平八，卒 6 进 1，兵八平七，卒 6 进 1，红只有弃车砍马，黑胜。

选自 1997 年全国象棋团体赛朱伟频—郭莉萍实战对局并增加攻法。

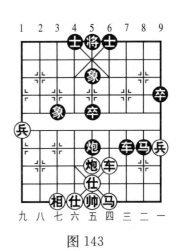

图 143

第144局　反复无常

着法(黑先胜)：

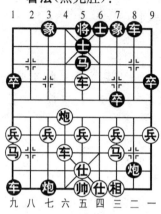

图144

1. ……	炮3平6
2. 仕五退六	炮6平4
3. 马九退七	……

红如改走炮六退四,黑则车8进7! 车五平六,炮8平9,马三退四,车8进1,后车平一,马5进6,车六退四,马6进7,车一平三,卒7进1,下一步有车1退1的好棋,黑胜定。

3. ……	车1平3
4. 相三进五	炮4退1!
5. 帅五进一	炮8平9!
6. 帅五平六	车8进8
7. 马三退五	车3退1

8. 帅六退一　车3平5

下一步车8进1杀,黑胜。

选自1995年全国象棋个人赛陈淑兰—郭莉萍实战对局。

第145局　空穴来风

着法(黑先胜)：

1. ……　　　车3平5!

弃车砍炮,妙手!

2. 车四平五　……

红如改走车四退一吃马,则马7退6,黑多子胜势。

2. ……　　　炮6退4!　3. 帅四退一

马7退6

叫将抽车,黑胜定。

选自1990年全国象棋个人赛厉晓秋—郭莉萍实战对局。

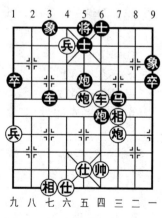

图145

第5章　吉林陶汉明残杀名局赏析

第146局　乐善好施

着法（红先胜）：

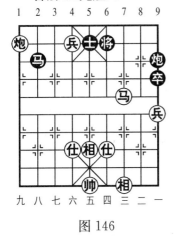

图146

选自2010年"伊泰杯"全国象棋精英赛陶汉明—赵鑫鑫实战对局。

1. 马三进二　将6进1

黑如改走将6退1,则兵六平五,马2退3,炮九退七,马3进5,炮九平四,将6平5,炮四平五,炮9进3,马二退四捉死马,红胜定。

2. 相五进三!

扬相妙手,黑认负。因为黑如接走马2退4吃兵,则炮九退七,马4进5,马二退三! 将6平5,马三进五,炮9进3,炮九平五,将5平4,马五退七,将4平5,马七退五,将5平4,马五进四,将4退1,炮五平六,士5进4,仕六退五,士4退5,马四进六! 将4进1,仕五进六杀,红胜。

第147局　妙弃车马

着法（红先胜）：

1. 车二进三! 炮5平8

黑如改走车4进3吃炮,则兵三进一,车4退1,马五进七,车4平3,兵三进一,红大优。

2. 马五进七! 车4退4

3. 车八进九!

弃车做杀,妙! 黑如接走车4平2吃车,则马七进六杀,红胜;黑又如接走

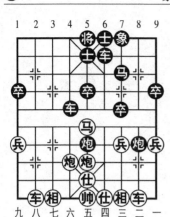

图 147

车 6 进 1,则车八平六,将 5 平 4,马七进六杀,红胜。

选自 2010 年"北武当山杯"全国象棋精英赛陶汉明—牛志峰实战对局。

第 148 局　兵横将路

着法(红先胜):

1. 车九进三　士 5 退 4

2. 兵三平四!……

以下黑有两种应着:

(1)车 6 退 2,车三平五,车 3 平 5,车五进一杀,红胜。

(2)将 5 进 1,车九退一,将 5 进 1,车三平五,将 5 平 4,相五退三,车 6 进 4,仕五进四,车 6 平 4,车五进一杀,红胜。

选自 2009 年第 1 届全国智力运动会陶汉明—陈卓实战对局并添加应着。

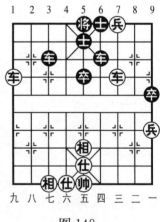

图 148

第 149 局 回心转意

着法（红先胜）：

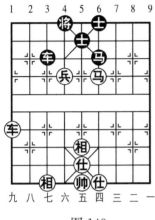

图 149

1. 车九进六　将 4 进 1

2. 马四退五　车 3 平 2

3. 马五进七　……

以下黑有两种应着：

（1）车 2 平 3，马七进五，车 3 平 5，车九退二捉死车，红胜定。

（2）车 3 平 5，马七进九，车 5 平 2，兵六平七，车 2 进 4，兵七进一，车 2 平 3，车九退一，将 4 退 1，马九进八，将 4 平 5（黑如将 4 进 1，则兵七平六！士 5 进 4，马八退七，将 4 退 1，车九进一杀，红胜），车九进一，士 5 退 4，马八进六，红胜定。

选自 2002 年第 2 届全国体育大会陶汉明—李艾东实战对局并添加应着。

第 150 局 前仆后继

着法（红先胜）：

1. 马四进三　将 5 平 6

2. 兵四平三　士 5 进 6

3. 炮五平四　士 6 退 5

4. 兵五平四

黑只有弃车砍炮，红胜。

选自 2002 年第 2 届 BGN 世界象棋挑战赛陶汉明—黎德志实战对局。

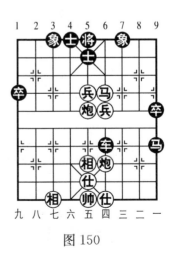

图 150

第151局　突然袭击

着法(红先胜):

1. 车三平五!……

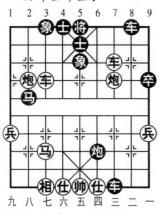

图151

弃车砍象,破门之着,神妙!

1.……　　　车8进1

黑如改走象3进5吃车,则炮八进三,象5退3,车七进三。

以下黑有两种应着:

(1)将5平6,车七退四,将6进1,炮八退一!将6退1,车七平四,将6平5,炮八进一杀,红胜。

(2)马2退1,炮九平六,车7平6,帅五平四,士5退4,炮三平五,红大优。

2. 炮八进三　　将5平6

3. 车五平三　　车8退1　　4. 车七进三　　车8进9

5. 车七退二　　将6进1　　6. 车三进一

绝杀,红胜。

选自2001年"派威互动电视杯"象棋超级排位赛陶汉明—董旭彬实战对局并添加续着。

第152局　三步上篮

着法(红先胜):

1. 车八进六　　士5退4

2. 车八平六　　将5进1

3. 车六退一!

黑如接走将5退1,则马三退四杀,红胜;黑又如接走将5进1,则兵五进一杀,红胜。

选自1999年全国象棋个人赛陶汉明—尚威实战对局。

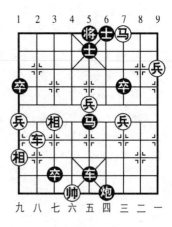

图152

第 153 局 逼 宫

着法(红先胜):

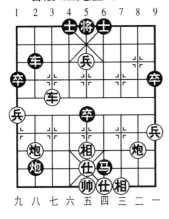

图 153

1. 炮二进七　士 6 进 5

2. 车七平三　将 5 平 6

3. 炮二平六!……

弃炮打士,妙手!

3. ……　　士 5 退 4

黑如改走车 2 平 5 吃兵,则炮八进七,将 6 进 1,炮六退一,士 5 进 6,炮八退一,将 6 退 1,车三进四杀,红胜。

4. 车三进四　将 6 进 1

5. 车三退二　将 6 退 1

6. 兵五平四　将 6 平 5

7. 车三进二　将 5 进 1

8. 车三退一　将 5 退 1

9. 兵四进一　士 4 进 5

10. 车三进一　士 5 退 6

11. 车三平四

绝杀,红胜。

选自 2005 年第 4 届"嘉周杯"象棋特级大师冠军赛陶汉明—刘殿中实战对局并添加续着。

第 154 局　流光溢彩

着法(黑先胜):

1. ……　　车 4 平 8

2. 车八进三　象 5 退 3

3. 炮二平三　车 8 平 7

4. 马七进九　车 7 平 6!

以下红有两种应着:

(1)炮五平四,炮 3 进 3,帅四进一,马 3 退 5,绝杀,黑胜。

(2)仕五进四,车 6 进 2,帅四平五,炮 3 进

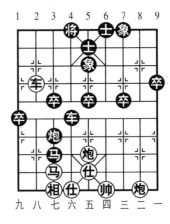

图 154

3,仕六进五 马 3 进 4,绝杀,黑胜。

选自 2010 年第 5 届"后肖杯"象棋大师精英赛刘殿中—陶汉明实战对局并改编。

第 155 局　车马大战

着法(黑先胜):

1. ……　　　马 6 进 8

2. 帅四进一　车 5 平 4!

解杀还杀,精妙!

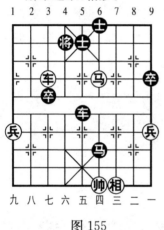

图 155

3. 帅四平五　马 8 退 9!

退马伏杀,妙手!

以下红有两种应着:

(1)帅五平四,车 4 进 3,帅四退一(红如帅四进一,则马 9 进 8,帅四平五,马 8 退 7,帅五平四,车 4 平 6 杀,黑胜),马 9 进 7,帅四平五,车 4 进 1 杀,黑胜。

(2)帅五进一,车 4 进 2,帅五退一,马 9 进 7,帅五平四,马 7 退 5,帅四平五,车 4 进 1,帅五进一,马 5 退 6,车七进二,将 4 退 1,车七进一,将 4 进 1,马四退二,马 6 进 4,帅五平四,车 4 退 2,帅四退一,车 4 平 6,帅四平五,马 4 进 3,帅五退一(红如帅五进一,则马 3 进 4,帅五退一,车 6 平 5,相三进五,车 5 进 1 杀,黑胜),车 6 平 4,帅五平四,马 3 退 5! 帅四平五,车 4 进 3,帅五进一,马 5 进 7,帅五平四,车 4 平 6 杀,黑胜。

选自 2001 年"派威互动电视杯"象棋超级排位赛张强—陶汉明实战对局并添加续着。

第 156 局　龙骧虎步

着法(黑先胜):

1. ……　　　车 5 平 7

2. 炮七进一　车 7 进 5

3. 帅四进一　车 7 退 1

4. 帅四退一　马 5 退 7

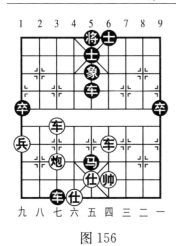

图 156

至此,红认负。因为黑下一着伏有车 7 进 1,帅四进一,车 7 平 6,帅四平五,车 6 退 2,黑得车胜定。

选自 2004 年全国象棋甲级联赛宋国强—陶汉明实战对局。

第 157 局　速战速决

着法(黑先胜):

1. ……　　　　马 3 进 2
2. 帅五进一　　马 2 进 4
3. 帅五退一　　车 2 退 1
4. 帅五退一　　炮 1 进 1

连将杀,黑胜。

选自 2002 年全国象棋个人赛万春林—陶汉明实战对局。

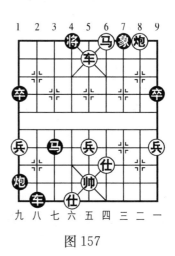

图 157

第158局　刻不容缓

着法（黑先胜）：

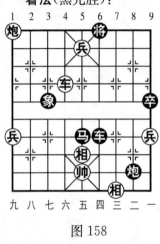

图 158

1. ……	车 6 进 2
2. 帅五退一	车 6 进 1
3. 帅五进一	马 5 进 3
4. 车六退四	……

退车解将，必应之着，红如改走帅五平六，则车 6 平 4 杀，黑胜。

4. ……	炮 8 退 1！
5. 相五进三	车 6 退 2
6. 相三退五	车 6 进 1
7. 帅五退一	炮 8 平 4

黑得车胜定。

选自 2002 年全国象棋团体赛李家华—陶汉明实战对局并添加续着。

第159局　以柔克刚

着法（黑先胜）：

| 1. …… | 车 1 平 9 |
| 2. 车七退五 | 炮 4 进 5！ |

2. 炮一平二？……

逃炮，劣着，红可改走车七平六，黑如接走车 9 进 6，则帅五退一，马 5 进 6，帅五平四，车 9 退 8，相七进五，红尚可抵挡。

2. ……	车 9 进 6
3. 帅五退一	马 5 进 4
4. 帅五平四	车 9 平 6

绝杀，黑胜。

选自 2001 年全国象棋个人赛葛维蒲—陶汉明实战对局。

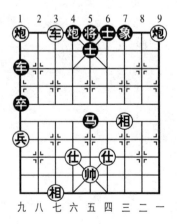

图 159

第 160 局　立地成佛

着法（黑先胜）：

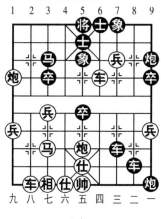

图 160

1. ……	车 7 进 2
2. 仕五退四	车 7 退 7
3. 仕四进五	车 7 进 7
4. 仕五退四	后炮平 7
5. 炮九进三	车 7 平 6!
6. 帅五平四	炮 7 进 7

绝杀，黑胜。

选自 2001 年第 1 届 BGN 世界象棋挑战赛刘殿中—陶汉明实战对局。

第 161 局　赤子之心

着法（黑先胜）：

1. ……	马 1 进 3
2. 车八退八	车 4 平 5!
3. 帅五平六	……

红如改走仕六退五，则马 3 退 4 双将杀，黑胜。

3. ……	马 3 退 4
4. 车八进二	马 4 进 2
5. 车八退一	车 5 平 2

黑得车胜定。

选自 2000 年全国象棋个人赛金波—陶汉明实战对局并添加续着。

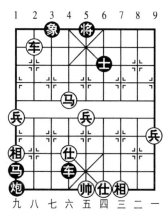

图 161

第 162 局　冲锋陷阵

着法（黑先胜）：

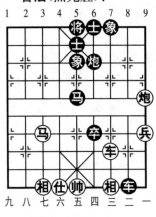

图 162

1. ……　　　　卒 6 进 1！
2. 车三平四　车 8 平 7
3. 车四退二　……

红如改走帅五进一,则象 5 退 3,红也难应。

3. ……　　　　车 7 平 6
4. 帅五平四　马 5 进 7！
5. 炮一平九　马 7 进 6
6. 炮九平四　马 6 进 4
7. 帅四平五　马 4 退 3

黑得马胜定。

选自 2000 年全国象棋团体赛李家华—陶汉明实战对局并添加续着。

第 163 局　活蹦乱跳

着法（黑先胜）：

1. ……　　　　炮 2 平 4
2. 帅六平五　马 8 进 6
3. 帅五平四　马 6 进 4
4. 帅四平五　……

红如改走车 5 退 2,黑则车 4 平 6,帅四平五,马 4 进 3,帅五退一,炮 4 平 2,仕四进五,炮 2 进 9,仕五退六,车 6 进 2！下一步伏马 3 退 4双将杀,黑胜。

4. ……　　　　车 4 平 9
5. 车五退二　……

黑如改走他着,黑得炮也胜。

5. ……　　　　车 9 进 2

绝杀,黑胜。

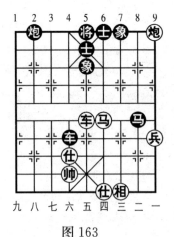

图 163

选自 1998 年全国象棋个人赛杨德琪—陶汉明实战对局。

第 164 局　抢先一步

着法(黑先胜)：

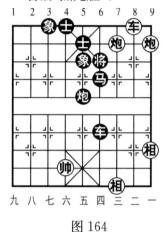

图 164

1. ……　　　车 6 平 4

2. 帅六平五　马 6 进 5

3. 相三进五　马 5 进 3

4. 相五进三　车 4 平 5

5. 相三退五　车 5 进 1

连将杀，黑胜。

选自 1994 年全国象棋个人赛汤卓光—陶汉明实战对局并添加续着。

第6章 辽宁卜凤波残杀名局赏析

第165局 诡计多端

着法(红先胜)：

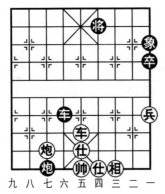

图 165

1. 仕五进四　车4进2
2. 车五进六　将6退1
3. 车五退二　炮3平6
4. 车五平七！

黑如接走炮6退1，则炮七平四，车4平6，车七平四杀，红胜。

选自2010年第4届全国体育大会卜凤波—洪智实战对局。

第166局 鬼使神差

着法(红先胜)：

1. 马八退六　士5进4
2. 马六进七　士4退5
3. 马七进六！士5进4

黑如改走将4进1吃马，则炮五平六杀，红速胜。

4. 马六进四　士4退5

黑如改走将4平5，则马四退五叫将抽马胜。

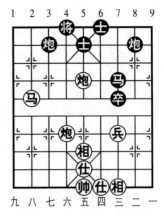

图 166

5. 马四退六 士 5 进 4   **6.** 马六退四 炮 3 平 4

7. 马四进六

红得炮胜定。

选自 2007 年全国象棋甲级联赛卜凤波—蒋川实战对局并添加续着。

第 167 局 浑然天成

着法(红先胜):

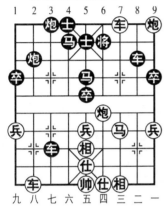

图 167

1. 马三进四 炮 2 平 6

黑如改走士 5 进 6,则车三退一,将 6 退 1,马四进五,士 6 退 5,炮四退二,车 3 退 5,车三进一,将 6 进 1,马五退三,马 5 退 7,马三退四,红有强大攻势,胜定。

2. 马四进二 炮 6 平 2

3. 车三退一 将 6 退 1

4. 马二进四 马 5 退 6

5. 车三进一

连将杀,红胜。

选自 2007 年全国象棋甲级联赛卜凤波—苗利明实战对局并添加续着。

第 168 局 广陵绝响

着法(红先胜):

1. 炮七进七! 马 1 退 3

黑如改象 5 退 3,则兵五平四,炮 7 平 5,车七平五,红胜定。

2. 兵五进一 车 6 进 5

3. 兵五进一! 将 5 进 1

4. 车七进五 将 5 退 1

5. 车六平五 士 4 进 5

6. 车五进四 将 5 平 4

7. 车七平六

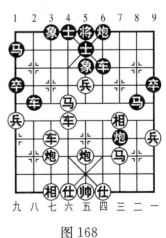

图 168

绝杀,红胜

选自 1985 年"将相杯"中国象棋大师邀请赛卜凤波—李来群实战对局并改编。

第 169 局　祸从天降

着法(红先胜):

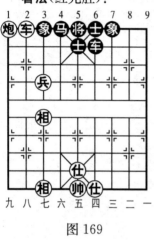

图 169

1. 炮九平七	马 4 进 5
2. 兵七平六	车 6 进 3
3. 炮七退二	士 5 退 4
4. 兵六进一	车 6 平 3

黑如改走车 6 平 4,则炮七进二,士 4 进 5,兵六平五,象 7 进 5,炮七平四,士 5 退 4,炮四退七,红胜定。

5. 炮七进二	士 4 进 5
6. 兵六进一	车 3 进 1
7. 炮七退三!	士 5 退 4
8. 炮七平五	士 6 进 5
9. 车八平六	

绝杀,红胜。

选自 2007 年全国象棋甲级联赛卜凤波—赵鑫鑫实战对局并加以改编。

第 170 局　三顾茅庐

着法(红先胜):

1. 车三进三	士 5 退 6
2. 车三退二	士 6 进 5
3. 兵二进一	

黑必丢车,认负。

选自 1999 年"红牛杯"象棋电视快棋赛卜凤波—于幼华实战对局。

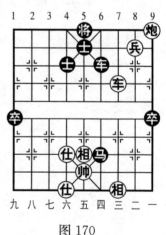

图 170

第 171 局 弃车杀敌

着法(红先胜):

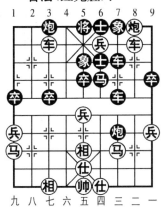

图 171

1. 车七进一! 象 5 退 3

2. 兵四进一 将 5 平 4

3. 兵四平五

连将杀,红胜。

选自 2002 年"明珠星钟杯"全国象棋十六强精英赛卜凤波—万春林实战对局。

第 172 局 摧枯拉朽

着法(红先胜):

1. 炮一平三 将 4 进 1

2. 车七进一 将 4 进 1

3. 车二退二 炮 6 进 1

4. 车二平四! 士 5 进 6

5. 炮三退二 士 6 退 5

6. 炮四退二

连将杀,红胜。

选自 1990 年全国象棋个人赛卜凤波—邓颂宏实战对局。

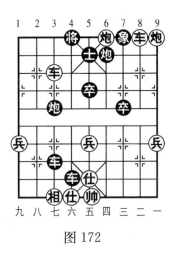

图 172

第173局 临门一脚

着法(红先胜)：

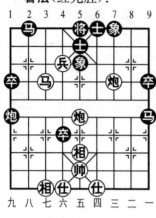

图173

1. 马七进五！　将5平4
2. 炮三平六　　马2进4
3. 兵六进一！　将4进1
4. 炮五平六

绝杀，红胜。

选自2001年"华亚防水杯"象棋赛卜凤波—陶汉明实战对局并添加续着。

第174局 平心而论

着法(红先胜)：

1. 兵四平五　　将4退1

黑如改走士4退5,则车三退五叫将抽车,红胜定。

2. 兵五平四！　士4退5
3. 车三进一　　将4进1
4. 兵四平五！　将4平5
5. 马一进二

绝杀，红胜。

选自2005年全国象棋甲级联赛卜凤波—苗永鹏实战对局。

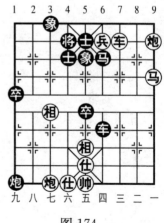

图174

第 175 局　大有作为

着法(红先胜)：

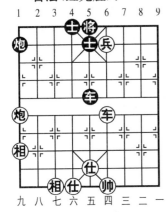

图 175

1. 炮九平七　士 5 进 4

黑如改走炮 1 平 3 拦炮,则炮七退二！炮 3 进 1,炮七平四！

以下黑有两种应着：

(1)炮 3 平 6,炮四进五,士 5 进 6,车四平三,士 4 进 5,车三进五,士 5 退 6,车三平四,绝杀,红胜。

(2)炮 3 平 5,车四平二,士 5 退 6(黑如炮 5 平 6,则炮四平五,黑必弃车砍炮,红胜),炮四进七！士 4 进 5(黑如车 5 退 1,则车二进四,车 5 进 1,炮四平一,红胜定),炮四平一,车 5 平 6,仕五进四,车 6 进 3,帅四平五,车 6 退 6,车二进五,士 5 退 6,车二退一,将 5 进 1,炮一退一捉死车,红胜定。

2. 炮七平五　士 4 进 5　　3. 兵四平五！士 4 退 5

4. 车四进五

绝杀,红胜。

选自 2004 年全国象棋个人赛卜凤波—阎文清实战对局并添加续着。

第 176 局　飘忽不定

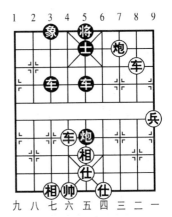

图 176

着法(红先胜)：

1. 车二进二　士 5 退 6

2. 炮三进一　士 6 进 5

3. 炮三平七　士 5 退 6

4. 车六进六　将 5 进 1

5. 车二退一　将 5 进 1

6. 车六退二

连将杀,红胜。

选自 1998 年全国象棋团体赛卜凤波—陆峥嵘实

战对局并添加续着。

第177局 独占鳌头

着法(红先胜)：

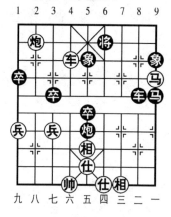

图177

宇实战对局并添加应着。

1. 马一进三 车8平7
2. 车六进一 将6进1
3. 马三进四! ……

以下黑有三种应着：

(1)马9退7,车六平四! 马7退6,马四退六,绝杀,红胜。

(2)炮5平6,马四退二,车7退3,车六平三,红得车胜。

(3)象5退7,车六退一,将6退1,马四退六,绝杀,红胜。

选自2006年第3届全国体育大会卜凤波—孙浩

第178局 动中有静

着法(红先胜)：

1. 车二进九 将6进1
2. 车二退四! 马5进3

黑如改走马5退7,则马五进六! 弃马叫将抽车,红胜定。

3. 车二平三! ……

以下黑有两种应着：

(1)炮9平1,车三进三,将6退1,马五进三,炮1平7,车三退一,炮1平7,车三平二,下一步伏车二进二杀,红胜。

(2)炮9平7,车三退四,马3退5,车三平四,士5进6,马五进三,马5退7,车四进五,红

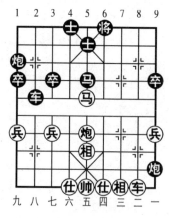

图178

胜定。

选自 1984 年全国象棋团体赛卜凤波—梁文斌实战对局并添加应着。

第 179 局　长绳系日

着法(红先胜)：

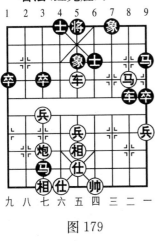

图 179

1. 马二进四　将 5 平 6
2. 相五退三！马 9 退 7
3. 炮七平四　车 8 平 6
4. 马四退二　车 6 平 7
5. 车五平四　将 6 平 5
6. 马二进四　将 5 进 1
7. 车四平七

以下黑如接走车 7 进 5,则帅四进一,象 5 退 3,马四退六,将 5 退 1,马六进七,将 5 进 1,炮四平八,马 3 退 2,马七退六,将 5 平 4,马六进四,将 4 平 5,车七进二,将 5 进 1,炮八平五,将 5 平 4,车七退一绝杀,红胜。

选自 2011 年全国象棋甲级联赛卜凤波—陶汉明实战对局并添加续着。

第 180 局　车高低兵仕相全巧胜车单缺象

着法(红先胜)：

1. 兵六进一！车 6 平 4

黑如改走车 6 退 5 吃兵,则兵六进一,士 5 退 4,兵六进一！将 5 平 4,车七进二,将 4 进 1,车七退一,将 4 退 1,车七平四,红得车胜。

2. 车七进二　士 5 退 4
3. 兵四进一！将 5 平 6
4. 车七平六　将 6 进 1
5. 兵六进一　车 4 平 5
6. 车六平三　车 5 退 2
7. 车三退三　将 6 进 1

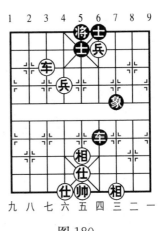

图 180

8. 相五进七！ 车5平4　　**9.** 车三平四　 将6平5

10. 车四平五　将5平6　　**11.** 仕五进四！ 车4平6

12. 车五进三　将6退1　　**13.** 兵六平五　　将6进1

14. 车五平四

绝杀,红胜。

选自2011年JJ象棋顶级英雄大会卜凤波—靳玉砚实战对局并改编。

第181局　车马临门

着法(黑先胜):

1. ……　　　　车7退1

2. 帅五进一　车7退1

3. 帅五退一　马4退6

4. 帅五退一　……

红方另有两种应着:

(1)帅五平六,车7平4杀,黑胜。

(2)帅五平四,车7平5,仕四进五,车5进1,帅四进一,象5进7,马八退七,马6进8,黑胜定。

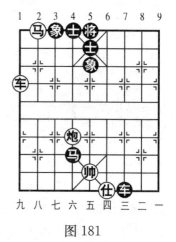

图181

4. ……　　　　车7平5

5. 仕四进五　车5进1

6. 帅五平六　马6进4

7. 车九平八　马5退2

8. 车八平六　……

红如改走炮六进三,车5退3,马八退七,马4进6,帅六进一,马6退5,帅六进一(红如帅六退一,则马5进3,帅六进一,车5进5,帅六进一,马3退4,下一步马4进6杀,黑胜),士5进4,车八平九,象5进7,炮六退三,马5进6,帅六退一,车5进5,帅六退一,车5平3杀,黑胜。

8. ……　　　　马4进2　　**9.** 帅六进一　 象5进7

10. 马八退七　士5进4

下一步车5进2杀,黑胜。

选自1995年第1届"广洋杯"全国象棋大棋圣赛刘星—卜凤波实战对局并添加续着。

第182局 不畏强御

着法（黑先胜）：

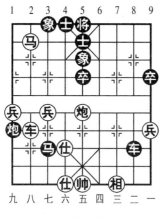

图 182

1. ……   炮1进3
2. 仕六进五 马3进2
3. 仕五退六 马2退1

以下红有两种应着：

（1）仕六进五，马1进3，帅五平六，马3退2，黑得车胜。

（2）帅五进一，车8进1，帅五进一，马1进3，帅五平四，马3退2，黑得车胜。

选自1995年全国象棋团体赛阎文清—卜凤波实战对局并添加应着。

第183局 患得患失

着法（黑先胜）：

1. ……   卒5进1！

冲卒破相弃车，妙着！

2. 炮二平六 卒5进1！

3. 帅五平四 ……

红如改走帅五进一，则马6进5绝杀，黑速胜。

3. ……   炮4平6

4. 车二平四 马6进8！

黑也可改走马6进5叫将，红如接走车四平五吃马，则炮5平6杀，黑胜。

5. 车四进三 马8进7

绝杀，黑胜。

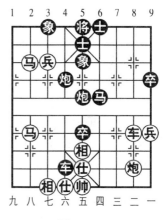

图 183

选自1994年全国象棋个人赛童本平—卜凤波实战对局并添加续着。

第184局　如芒在背

着法（黑先胜）：

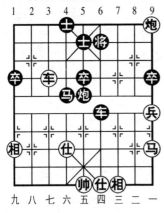

图184

1. ……	车6进4
2. 帅五进一	车6退1
3. 帅五退一	马4进5

不管红接走仕六退五还是帅五平六，黑都走车6进1杀，黑胜。

选自1989年全国象棋个人赛康宏—卜凤波实战对局。

第185局　气势磅礴

着法（黑先胜）：

1. ……	马5退6!

以下红有三种应着：

(1)实战着法：仕五进四，车8平5，帅五平四（红如改走仕六进五，则车5平3抽车，黑胜定），车4进9，帅四进一，车4退1，帅四退一，马6进7，连将杀，黑胜。

(2)仕五进六，车8平5，帅五平四，马6进7，帅四进一，车5进3，仕六进五，马7退5，帅四进一，车4进7! 象3进5，车四平五，帅四退一，车5平7，黑胜。

(3)帅五平四，车8平6，仕五进四，车6进1，帅四平五，马6进5，仕六进五，马5进3杀，黑胜。

选自1984年全国象棋团体赛宋道新—卜凤波实战对局并添加应着。

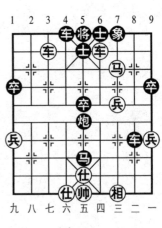

图185

第186局　按图索骥

着法（黑先胜）：

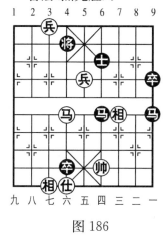

图186

1.…… 马9进7

2.帅四退一 ……

红如改走帅四进一，则马6进4杀，黑速胜。

2.…… 马6进7

黑另有一种攻法：

马7进8,帅四平五(红如帅四进一,则马6进7,下一步伏马7进8杀,黑胜),马6进4,马六进七,将4平5,兵五进一,将5退1,仕六进五,马4进6!仕五进四,马8退6,帅五平四,卒4平5,下一步伏马6进8杀,黑胜。

3.帅四进一 ……

红如改走帅四平五,则后马退5,红也难应。

3.…… 前马退9　　**4.帅四退一** 马9进8

5.帅四平五 马8退6　　**6.帅五平四** 卒4进1

下一步卒4平5杀,红胜。

选自1984年全国象棋团体赛郑乃东—卜凤波实战对局。

第187局　扪心自问

着法（黑先胜）：

1.…… 前炮进2!

进炮伏杀,妙着!红如接走相三进五,则前炮退4,仕四进五,车4进8杀,黑胜。

选自2011年辽宁省第一届全民健身运动会暨体育大会象棋比赛杨东—卜凤波实战对局。

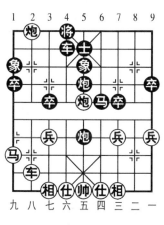

图187

第7章　辽宁苗永鹏残杀名局赏析

第188局　拔树撼山

着法(红先胜):

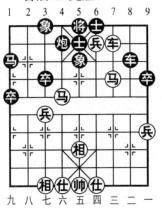

图188

1. 兵四进一! 将5平6

2. 车三平五　炮4平3

黑如改走车8平7,则车五平六,车7进1,马六进五,将6平5,马五退三,红得车胜定。

3. 车五平六　将6平5

4. 马三进五

黑必丢子,认负。

选自2009年全国象棋团体赛苗永鹏—焦明理实战对局。

第189局　难以立足

着法(红先胜):

1. 马四进二! 将4平5

2. 炮一平七　炮5平9

3. 马二退四　将5平4

4. 车五进二

下一步伏车五进一杀,红胜。

选自2006年全国象棋个人赛苗永鹏—王晟强实战对局。

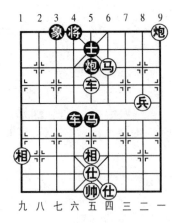

图189

第 190 局　拖人下水

着法(红先胜)：

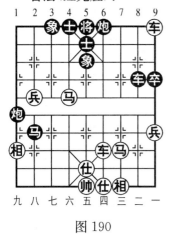

图 190

1. 车八进四　士 5 退 4

黑如改走炮 3 退 2，则马七进八，将 5 平 4，兵六平七，车 1 进 1，兵七进一，车 1 平 3，兵七进一，车 3 退 2，车八退一，将 4 平 5，兵七进一，车 3 退 2，车八平九，车 3 进 2，马八进七，将 5 平 4，马七退九，形成车马必胜车双士的实用残局，红胜定。

2. 马七进八　士 6 进 5

3. 兵六进一　炮 3 进 4

黑如改走士 5 进 4，则马八进六，将 5 进 1，车八平六，黑也难应。

4. 兵六平五　象 1 退 3

5. 兵五进一！将 5 进 1

黑如改走士 4 进 5，则车八平七，士 5 退 4，马八进六，将 5 进 1，车七退六，红得炮胜。

6. 车八退一　将 5 进 1

黑如改走将 5 退 1，则马八进六，将 5 平 6，车八平四，红速胜。

7. 马八退六

1. 马六进四　马 2 进 3
2. 帅五平六　炮 1 退 4
3. 车一平四！士 5 退 6
4. 马四进三　将 5 进 1
5. 马三退二

红得车胜定。

选自 2008 年全国象棋甲级联赛苗永鹏—庄玉庭实战对局并添加续着。

第 191 局　三户亡秦

着法(红先胜)：

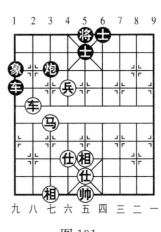

图 191

叫将抽炮,红胜。

选自 2004 年全国象棋甲级联赛苗永鹏—蒋凤山实战对局。

第 192 局　中原逐鹿

着法(红先胜):

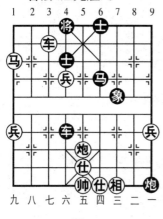

图 192

1. 车七进一　将 4 进 1

2. 马九退七　……

红也可改走车七平五,黑如接走车 4 平 3,则马九进八,车 3 退 6,车五平七,红得车胜。

2. ……　　　将 4 平 5

3. 车七退一　将 5 退 1

黑如改走将 5 进 1,则兵六平五,将 5 平 6,兵五平四,连将杀,红胜。

4. 兵六平五　马 6 进 5

5. 兵五平四　马 5 退 6

黑如改走士 4 退 5,则马七进九,红也胜定。

6. 马七退五　马 6 进 5

7. 马五进四　将 5 平 4　　8. 车七进一

连将杀,红胜。

选自 2003 年全国象棋甲级联赛苗永鹏—杨德琪实战对局并添加续着。

第 193 局　临渊羡鱼

着法(红先胜):

1. 炮七平三　象 7 进 5

2. 马五进七　……

黑有以下三种应着:

(1)将 4 进 1,炮二平六,闷杀,红胜。

(2)将 4 平 5,炮二进三,象 5 退 7,炮三进六,闷杀,红胜。

(3)炮 2 平 3,炮二进三,象 5 退 7(黑如将 4 进 1,则炮二退一叫将抽炮,红胜定),炮三进六,

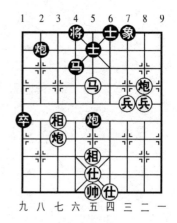

图 193

将 4 进 1,炮二退一,马 4 退 6,马七退五,将 4 进 1,马五退七叫将抽炮,红胜定。

选自 2003 年全国象棋个人赛苗永鹏—董旭彬对局并添加应着。

第 194 局　　不进则退

着法（红先胜）：

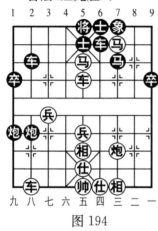

图 194

1. 马五进七　　将 5 平 4
2. 车五平八！车 2 进 1
3. 马七退八　　炮 2 平 4
4. 马八进六！车 6 进 1
5. 马六退五　　车 6 平 3
6. 马五退六

红得子胜定。

选自 2003 年"磐安伟业杯"全国象棋大师冠军赛苗永鹏—廖二平实战对局并添加续着。

第 195 局　　胜负瞬间

着法（红先胜）：

1. 炮八进一　　象 3 进 1

黑如改走士 5 退 4,则车八平五,士 6 进 5,车三进三,连将杀,红胜。

2. 炮八平九？……

平炮,劣着,红应改走帅五平六解杀,再徐图进取。

2. ……　　　　马 6 进 7?

黑应改走马 6 进 4,红如接走仕五进六,则炮 1 平 5,帅五平六,车 8 平 4,黑胜。

3. 车三退五！车 8 平 7
4. 车八进二　　士 5 退 4
5. 马六进四　　将 5 进 1
6. 车八退一

红胜。

选自 2002 年全国象棋个人赛苗永鹏—冯明光实战对局并添加续着。

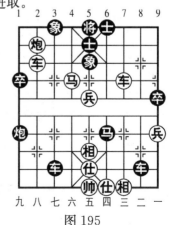

图 195

第196局 心细如发

着法(红先胜)：

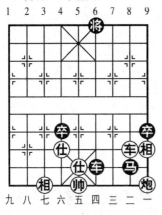

图196

1. 炮一进一　卒9平8

黑方另有两种着法：

(1)马8退6，车二平四，车6退1，仕五进四，卒4平5，炮一进二，红胜定。

(2)马8进6，炮一进二(红不可改走仕五退四吃马，否则车6进1，帅五进一，车6退3，红方反而麻烦)，马6退8，炮一平二，马8进6，仕五进四，卒4平5，仕六退五，卒5平6，仕五退四，红得马胜定。

2. 炮一平四！

黑如接走卒8进1吃车，则仕五进四杀，红胜。

选自1998年全国象棋个人赛苗永鹏—蒋全胜实战对局。

第197局 分崩离析

着法(红先胜)：

1. 马七进六！士5进4

黑如改走将5平6，则炮九平七，将6进1，炮七退一，马6退8，马六退七，士5进4，马七进五，将6平5，炮八退一，将5退1，炮七退五，将5进1，炮八退一，红大优。

2. 炮九平七　将5进1

3. 炮八退一！将5平4

4. 炮七退一

绝杀，红胜。

选自1998年全国象棋个人赛苗永鹏—梁达民实战对局并添加续着。

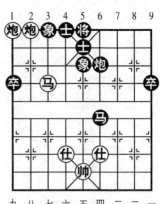

图197

第 198 局　凶相毕露

着法(红先胜)：

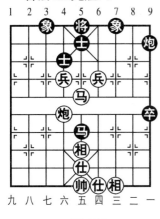

图 198

1. 兵六进一！　士 5 进 4
2. 马五进六　　将 5 平 6
3. 兵四进一　　象 7 进 5
4. 炮六平四　　炮 9 平 6
5. 兵四平五　　炮 6 平 4
6. 兵五进一　　马 5 退 4
7. 炮四退三

红胜定。

选自 1997 年全国象棋个人赛苗永鹏—金波实战对局并添加续着。

第 199 局　风驰电掣

着法(红先胜)：

1. 车三平四　　士 5 进 6
2. 车二退一　　将 6 退 1
3. 车四进二　　将 6 平 5
4. 炮四平五

黑如接走士 4 进 5,则车二进一,红胜。

选自 1984 年全国象棋团体赛苗永鹏—李军实战对局。

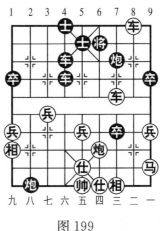

图 199

第200局　车马单仕巧胜车双象

着法（红先胜）：

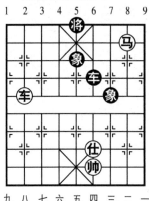

1 2 3 4 5 6 7 8 9

九 八 七 六 五 四 三 二 一

图200

1. 车八平三！　车6进4
2. 帅四进一　　象5进7
3. 马二退四　　将5平6
4. 帅四平五　　象7退5
5. 马四进二！　将6平5
6. 马二退三

捉死象，红胜。

选自2008年全国象棋个人赛苗永鹏—邱东实战对局并改编。

第201局　风雨交加

着法（黑先胜）：

1. ……　　　　车3进3
2. 帅六进一　　炮5平4
3. 车六平八　　马6进4
4. 炮三平六　　……

红如改走仕五进六，则马4进6，仕六退五，车3退1，帅六退一，马6进4，绝杀，黑胜。

4. ……　　　　马4进5
5. 炮六平七　　车3退1
6. 帅六进一　　……

红如改走帅六退一，则炮4平7，下一步炮7进7杀，黑胜。

6. ……　　　　马5退4

连将杀，黑胜。

选自1999年"沈阳日报杯"世界象棋冠军赛张亚明—苗永鹏实战对局并添加续着。

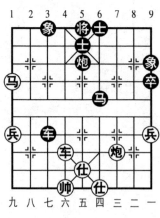

1 2 3 4 5 6 7 8 9

九 八 七 六 五 四 三 二 一

图201

第202局　扬汤止沸

着法（黑先胜）：

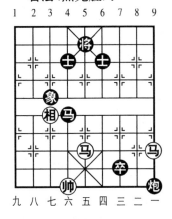

图 202

6.马九进八　马3进4

下一步马4退2杀,黑胜。

选自 2004 年全国象棋甲级联赛蒋川—苗永鹏实战对局。

1. ……　　　　马4进3

2. 帅六进一　……

红方另有两种着法:

(1)帅六平五,卒7进1,马一退二,卒7平8杀,黑胜。

(2)马五退七,炮9退1,马一退三,炮9平3,黑得马胜。

2. ……　　　　卒7平6

3. 马五进七　　卒6平5

4. 帅六进一　　炮9平2

5. 马七进九　　炮2退8

第203局　炮低卒士象必胜单马

着法（黑先胜）：

1. ……　　　　炮5平6

2. 马八退七　　士4进5!

3. 马七退五　　士5进6

4. 帅四平五　　炮6平5

5. 帅五平六　　炮5进7

黑胜定。

选自 2003 年全国象棋个人赛谢岿—苗永鹏实战对局并添加续着。

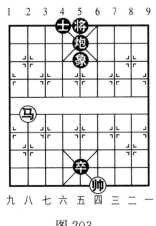

图 203

第204局 登堂入室

着法（黑先胜）：

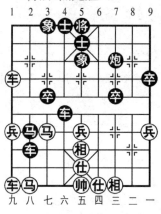

图204

1. ······　　车2进2!

弃车砍马，好棋!

2. 后车平八　马2进3

3. 马七退六　车4进3

4. 车八进一　车4退5

5. 车八平七　车4平1

黑胜定。

选自1999年全国象棋个人赛徐健秒—苗永鹏实战对局并添加续着。

第205局 寒鸦戏水

着法（黑先胜）：

1. ······　　后马进3

2. 帅五平六　马3退5

3. 帅六进一　······

红如改走帅六平五，则马5进7，马五退四，炮7进3，绝杀，黑胜。

3. ······　　炮7平1!

4. 马五退七　马5退3!

下一步炮1进2杀，黑胜。

选自2011年开平市楼冈墟春节中国象棋公开赛黄适超—苗永鹏实战对局。

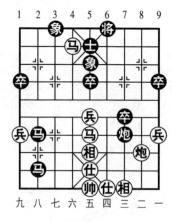

图205

第 8 章　辽宁孟立国残杀名局赏析

第 206 局　用武之地

着法（红先胜）：

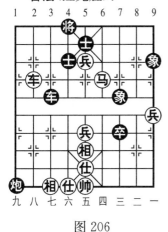

图 206

1. 前兵进一！ 士 4 退 5

2. 车八平六　 士 5 进 4

黑如改走将 4 平 5,则马四进三,将 5 平 6,
车六平四,士 5 进 6,车四进一绝杀,红胜。

3. 车六进一　 将 4 平 5

4. 车六平九

捉炮叫杀,黑认负。

选自 1989 年全国象棋团体赛孟立国—许银川实
战对局。

第 207 局　机不可失

着法（红先胜）：

1. 炮六平七！ 士 5 进 4

2. 炮七进七　 将 5 进 1

3. 车六平九　 马 6 进 5

4. 车九进二　 将 5 进 1

黑如改走马 5 退 4,则炮七退一。

以下黑有两种应着：

(1)将 5 退 1,马五进四！ 将 5 平 6(黑如改
走马 4 进 6,则炮七进一,士 4 进 5,炮八进七杀,

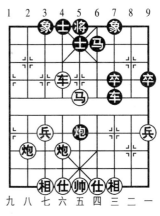

图 207

红胜),马四退三,红得车胜定。

(2)将5进1,马五进七,将5平6,车九退四,车7平6,炮八平四! 车6进3,马七退五,将6平5,马五进三,车6退4,车九平五,将5平6,马三进二,绝杀,红胜。

5.炮八进五   马5退3

6.车九平七

下一步伏炮七退二杀,红胜。

选自1964年全国象棋个人赛孟立国—傅光明实战对局。

第208局   巧取豪夺

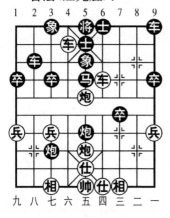

图208

着法(红先胜):

1.车四平五! ……

弃车砍马,凶着!

1. ……   炮5退3

2.后炮进四   炮3平4

3.帅五平六   车9进2

4.车六退六

下一步车六进七杀,红胜。

选自1988年全国象棋团体赛孟立国—阎文清实战对局。

第209局   玉石俱焚

着法(红先胜):

1.兵五平六   马3进5

2.前炮平九   ……

红也可改走前炮平七。

以下黑有两种应法:

(1)马5退7,炮七进二,将5进1,车八进八,将5进1,车四进二杀,红胜。

(2)马5退4,炮七进二,将5进1,炮七退一! 将5退1,兵六平五,象7进5,兵五进一,马4进5,车四进四杀,红胜。

2. ……   马5退4

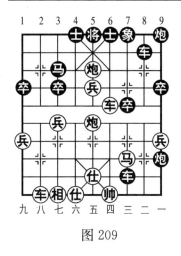

图 209

选自 1960 年全国棋类锦标赛孟立国—蔡福如实战对局。

3. 炮九进二　　马 4 退 2

黑如改走将 5 进 1,则车四平五,象 7 进 5,车五平六,象 5 退 7,兵六平五,象 7 进 5,车六进三! 将 5 平 4,车八进八,将 4 进 1,兵五平六杀,红胜。

4. 车四进四!　将 5 进 1

黑如改走炮 9 平 6,则兵六平五,车 8 平 5,车八进九,下一步车八退一杀,红胜。

5. 车八进八　　马 2 进 4

6. 兵六平五　　象 7 进 5

7. 车四平五

连将杀,红胜。

第 210 局　　仗势欺人

着法(黑先胜):

1. ……　　　　前车平 7

2. 车六退五　　炮 2 平 6!

3. 车八进九　　车 7 平 5!

4. 仕六进五　　炮 6 平 4

5. 帅五平六　　炮 4 退 8!

6. 车八退八　　车 5 平 4

7. 车八平六　　车 4 退 4

黑必可得车胜。

选自 1989 年全国象棋团体赛廖二平—孟立国实战对局并添加续着。

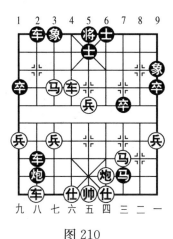

图 210

第二篇 华北特级大师残杀名局赏析

第9章 北京蒋川残杀名局赏析

第211局 里应外合

着法(红先胜)：

1. 兵四进一! 车8进3

2. 帅四进一 炮6退5

3. 兵四平五! 将5平4

4. 车七平六 炮6进1

黑如改走将4退1,则车六进四,将4平5,车六进一,红胜定。

5. 兵五平六 将4平5

6. 车六平五 将5平6

7. 兵六平五 炮6进1

8. 车五进三 车8退6

9. 车五平六 卒2进1

10. 车六进二 将6退1

11. 兵五进一

下一步车六进一杀,红胜。

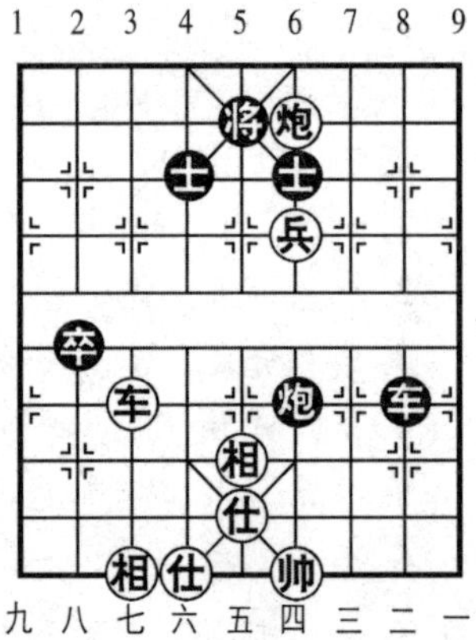

选自2010年第4届"杨官璘杯"全国象棋公开赛蒋川—王天一实战对局并改编。

图 211

第212局 生死存亡

着法(红先胜)：

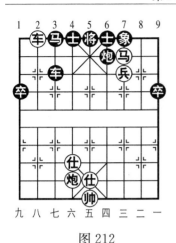

图 212

1. 兵三平四！　车 3 平 6

2. 车八平七　车 6 平 7

黑如改走士 6 进 5,则车七退三,车 6 平 7,仕五退四！将 5 平 6,车七平五,车 7 退 1,炮六平八！红胜定。

3. 车七平六　将 5 进 1

4. 炮六退一　车 7 退 1

5. 帅五平四！

出帅伏杀,妙着！黑如接走炮 6 进 1,则车六退一,将 5 退 1,车六平三,红得车胜定。

选自 2010 年蒋川大师盲棋测试赛与何德平实战对局。

第 213 局　如影随形

着法(红先胜)：

1. 炮四退三　马 7 进 8

黑如改走马 7 退 5,则马二进四,马 5 进 6,炮四进一,马 3 退 4,帅五进一,将 6 退 1,仕六退五捉死马,红胜定。

2. 炮四进一　马 3 退 4

3. 马二进四　马 4 进 6

4. 帅五进一　马 8 退 7

5. 帅五平四

红得马胜。

选自 2009 年"九城置业杯"中国象棋年终总决赛蒋川—李雪松实战对局。

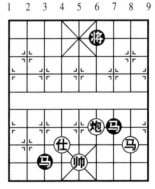

图 213

第 214 局　明月映波

着法(红先胜)：

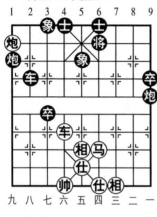

图 214

1. 车六进五　将 6 进 1

黑如改走士 6 进 5，则车六退二，车 2 退 2，车六平四杀，红胜。

2. 马四进五　车 2 平 5

3. 车六进一　士 6 进 5？

上士，劣着，导致速败，黑如改走将 6 退 1，则马五进六，炮 1 平 3，马六进七，士 6 进 5，车六平三，炮 9 平 2，马七退五，炮 2 进 3，马五退三，将 6 进 1，炮九平五，下一步伏车三平四杀，红胜。

4. 车六退三！

妙手捉车，黑如接走车 5 平 4，则马五进六杀，红胜。

选自 2009 年全国象棋甲级联赛蒋川—于幼华实战对局。

第 215 局　兵行诡道

着法(红先胜)：

1. 炮五平三！

炮口献炮，妙手！黑必丢子，认负。黑如接走炮 7 退 3 打炮，则马一进三，将 5 平 6，车六平四，红胜。

选自 2009 年全国象棋甲级联赛蒋川—李群实战对局。

第 216 局　半路出家

着法(红先胜)：

1. 马二进三　将 5 进 1

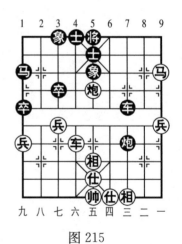

图 215

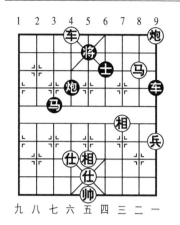

图216

黑如改走将5平6,则车六退一,士6退5,车六平五,连将杀,红胜。

2. 车六平五　将5平4

黑如改走士6退5,则车五退一,将5平4,马三退一,车9平7,车五平七,马3进2,马一退三!红胜定。

3. 车五平七　……

以下黑有两种应着:

(1)炮4平5,马三退一!车9平7,车七退四,红得马胜。

(2)车9进3,车七退二,将4退1,马三退四,将4平5,马四退六,将5平4,车七退二,红胜定。

选自2009年"蔡伦竹海杯"全国象棋精英邀请赛蒋川—才溢实战对局并添加应着。

第217局　出生入死

着法(红先胜):

1. 炮七进五　炮6平3

2. 车三进三!　炮5进2

3. 车三平五　……

以下黑有两种应着:

(1)炮5平2,车五平七!炮3平4,马四进六,士5进4,车七进四,将5进1,车七退一,将5退1,车七平二,红得车胜定。

(2)车8进5,炮一进三,象5退7(黑如车8退6,则车五退二白吃一炮,红胜定),马四进六,将5平4,马六退七,车8退6,车五退二,炮3平5(黑如车8平9,则车五平六,炮3平4,马七进六,红胜定;黑又如象7进5,则马七进九,红亦胜定),车五平六,将4平5,车六平八,将5平4,车八进六,将4进1,马七进八,将4进1(黑如炮5平3,则车八平七,车8进2,炮一退一!红胜定),炮一退一!车8进1,车八平六!士5退4,

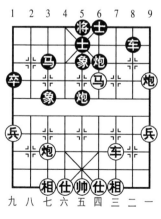

图217

马八退七,绝杀,红胜。

选自 2009 年"蔡伦竹海杯"全国象棋精英邀请赛蒋川—李智屏实战对局并改编。

第 218 局　半身不遂

着法(红先胜):

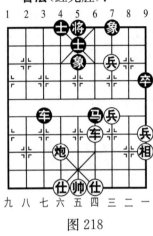

图 218

1. 炮六平二　马 6 退 4
2. 车四进二　马 4 进 5
3. 炮二进七　象 7 进 9
4. 车四进三!

红下一步有兵三进一的棋,黑难解,遂认负。

选自 2009 年首届"振达·韩信杯"象棋国际名人赛蒋川—吕钦实战对局。

第 219 局　车占将位

着法(红先胜):

1. 马七退九　马 3 退 4
2. 车七平五　士 5 退 4
3. 兵六进一!　将 4 进 1
4. 车五平六

绝杀,红胜。

选自 2009 年天中棋院象棋排名大奖赛蒋川—李望祥实战对局。

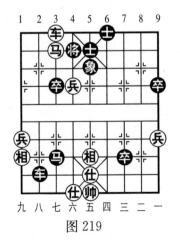

图 219

第 220 局 兰摧玉折

着法(红先胜)：

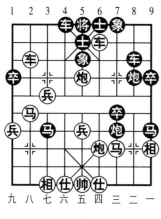

图 220

1. 炮四进七! 马 9 进 7
2. 炮四平六 炮 8 进 6
3. 仕四进五 马 7 退 5
4. 车四平五 将 5 平 6
5. 车五进一 将 6 进 1
6. 车八进一 将 6 进 1
7. 车五平四

绝杀,红胜。

选自 2009 年广东省第 15 届"合生.迎春杯"象棋团体赛蒋川—王华章实战对局并添加续着。

第 221 局 出其不意

着法(红先胜)：

1. 前炮平五! 马 6 进 4
2. 车八平六

红下一步伏兵六平五杀,黑如接走士 6 退 5,红则兵六平五叫将抽车,红胜。

选自 2008 年第 1 届世界智力运动会蒋川—江中豪实战对局。

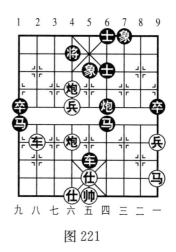

图 221

第222局　月落星沉

着法（红先胜）：

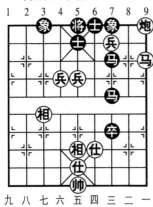

图222

1. 马一进二　前马退8

黑如改走后马退9,则兵三平二捉马叫杀,红胜定。

2. 炮一平三!　马8退7

3. 马二退三

黑双马尽失,认负。

选自2008年第1届世界智力运动会蒋川—牟海勤实战对局。

第223局　计出万全

着法（红先胜）：

1. 马八进七　将5平4

2. 炮三平六　将4进1

3. 兵六平五　……

以下黑有两种应着：

(1)士4退5,后马进六,士5进4,马六退五,红得马胜定。

(2)将4平5,炮六平八,将5平4,炮八进七,将4退1,炮八平四,红得马胜定。

选自2008年广西北流市"永顺名门杯"象棋公开赛蒋川—李雪松实战对局并添加应着。

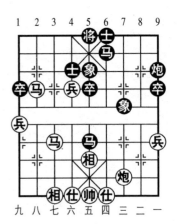

图223

第 224 局　天山折梅

着法(红先胜):

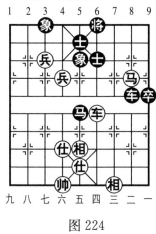

图 224

1. 马二进四! 马 5 退 4

黑如改走士 5 进 6,则车四平五吃马,形成车高低兵仕相全必胜车单缺士的实用残局。

2. 马四退二 ……

以下黑有两种应着:

(1)将 6 平 5,马二进三,将 5 平 4,车四平六捉死马,红胜定。

(2)士 5 进 6,马二进四,马 4 退 6,车四进三,将 6 平 5,车四进一,红胜定。

选自 2006 年第二届"狗不理杯"象棋大奖赛蒋川—唐丹实战对局并添加应着。

第 225 局　步步有难

着法(红先胜):

1. 马五进七	将 5 平 4
2. 车二平六	马 5 退 4
3. 炮五平三	车 5 平 7
4. 帅五平六!	炮 2 平 4
5. 车六进一!	车 7 平 4
6. 帅六平五	马 4 进 5
7. 炮三进四	将 4 进 1
8. 炮三平八	马 5 进 7
9. 炮八平九	马 7 进 8
10. 炮九退一	将 4 退 1
11. 车八进九	

绝杀,红胜。

选自 2005 年全国象棋个人赛蒋川—于幼华实战

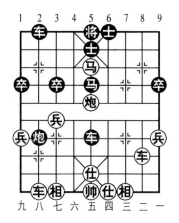

图 225

对局并添加续着。

第 226 局 动动停停

着法(红先胜):

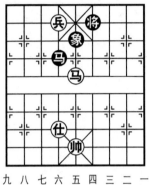

图 226

1. 马五进三　将6进1

黑如改走将6退1,则马三进五,将6平5,帅五平四,马4退6,马五退七!马6进4,马七进九,马4退6,马九进八,马6进4,马八退七,马4退6,兵六平五,将5平6,马七退五,黑被困毙。

2. 马三进二　……

红可改走马三进五踩象,形成马低兵必胜单马的实用残局。

2. ……　　　　将6退1

3. 帅五退一　马4退2

黑如改走象5进7,则马二退三,将6进1,帅五进一,马4进5,兵六平五,象7退9,马三进一,红胜定。

4. 马二退三　将6进　　5. 兵六平五

下一步伏马三进二杀,红胜。

选自2005年"奇声电子杯"象棋超级排位赛蒋川—陶汉明实战对局。

第 227 局 车单缺相巧胜双高卒双士

着法(红先胜):

1. 车一平六　士6退5

2. 帅五进一　将4进1

3. 车六平八　卒2平1

4. 帅五平六　卒3平4

5. 车八平六　卒4平3

6. 车六平九　卒1平2

7. 车九进二　将4退1

8. 车九平五　卒3平4

9. 车五退二　卒2平3

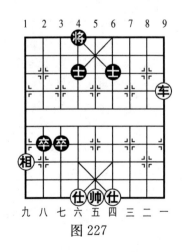

图 227

10. 车五平六　　将 4 进 1

11. 仕六进五　　将 4 平 5

12. 车六进一

形成单车必胜双高卒的实用残局,红胜。

选自 2002 年全国象棋个人赛蒋川—黄海林实战对局并添加续着。

第 228 局　　车炮相巧胜车士象

着法(红先胜):

1. 车八平五　　象 3 退 1

2. 炮五平八　　车 4 进 3

3. 炮八进一　　士 4 退 5

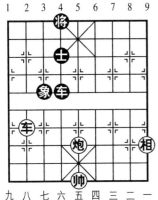

图 228

黑如改走象 1 进 3,则车五进六,将 4 进 1,炮八退三,士 4 退 5,车五退一,将 4 退 1,车五退三,车 4 退 5,炮八进六! 车 4 平 5,炮八平五! 车 5 平 3,炮五平六,将 4 进 1,相一进三,将 4 退 1,车五平六! 将 4 进 1,炮六平四,车 3 平 4,车六平七,因红还有相在,黑车占中路仍无法守和,红胜定。

4. 车五进五　　……

以下黑有两种应着:

(1)车 4 平 9,车五退二,车 9 平 4,炮八进六,象 1 进 3,车五进三,将 4 进 1,炮八平六,车 4 平 8,车五退三,象 3 退 5,车五退二,红胜定。

(2)车 4 退 5,车五进一,将 4 进 1,车五退四,将 4 退 1,炮八进二,车 4 进 5,炮八进四,象 1 进 3,车五进四,将 4 进 1,炮八平六,车 4 平 9,车五退四,象 3 退 5,车五进二,车 9 退 6,炮六平九,将 4 退 1,炮九退九,车 9 进 5,炮九平六,红胜定。

选自 2011 年第 3 届句容"茅山·碧桂园杯"全国象棋冠军邀请赛蒋川—赵国荣实战对局并添加应着。

第229局　车忌低头

着法（黑先胜）：

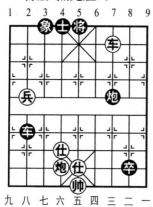

图229

1. ……　　　车2进3
2. 炮六退一　炮7平4！
3. 帅五平四　炮4进5

以下红有两种应着：

（1）仕五退六，车2平4，帅四进一，卒8平7！车三退七，车4退1，帅四退一，车4平7，黑得车胜。

（2）帅四进一，卒8平7，帅四进一（红如改走车三退七吃卒，则炮4退1叫将抽车，黑胜），车2退5，车三平四，车2平8，下一步车8进3杀，黑胜。

选自2010年第4届"杨官璘杯"全国象棋公开赛金波—蒋川实战对局并添加应着。

第230局　技冠全球

着法（黑先胜）：

1. ……　　　炮4平8
2. 马二退四　车8平7！

以下红有三种应着：

（1）马四进三，炮8进6，炮三退二，炮7进7杀，黑胜。

（2）车五平二，炮7进5，仕五进六，车7退1，黑得子胜定。

（3）炮三平二，车7平6！车五平三（红如马四退三，则车6进4捉死马，黑胜定），炮7平5，帅五平六，车6进2，黑得子胜定。

选自2011年第12届世界象棋锦标赛吴宗翰—蒋川实战对局并添加应着。

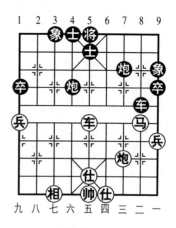

图230

第10章　北京谢思明残杀名局赏析

第231局　大扫荡

着法(红先胜)：

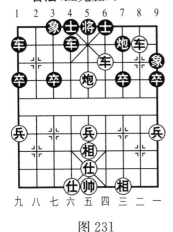

图231

1. 车四平五　车4平5

黑如改走士4进5,则车二平三,红得子胜定。

2. 车五进一　将5进1

3. 车二平三　将5退1

4. 车三平九

红胜。

选自1981年全国象棋个人赛谢思明—陈淑兰实战对局。

第232局　人来客往

着法(红先胜)：

1. 马六进四　车7平6

2. 马四退五　车6平5

3. 车七平四　将6平5

4. 马五进六　将5进1

5. 车四平一　将5平4

6. 炮四平六!　车5平4

7. 车一平七　士4进5

8. 马六进八　车4平2

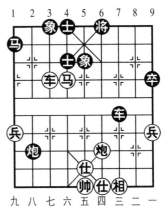

图232

9. 车七进二　将4退1

黑如改走将4进1,则车七退一,将4退1,车七平六,连将杀,红胜。

10. 车七进一　将4进1　　　**11.** 马八退七　将4进1

12. 马七退六

绝杀,红胜。

选自1985年全国象棋个人赛谢思明—黄子君实战对局。

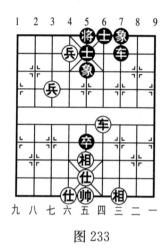

图 233

第233局　弃兵得车

着法(红先胜):

1. 车四平八　士5退4

2. 兵六进一!　将5平4

3. 车八进五　将4进1

4. 车八退一　将4退1

5. 车八平三

抽车,红胜。

选自1983年全国象棋个人赛谢思明—汪霞萍实战对局。

第234局　云开见日

着法(黑先胜):

1. ……　　　　　前炮平5

2. 帅五平六　士5进4

3. 仕五进六　卒1进1

4. 马九退七　车6进5

5. 帅六进一　车6退6

6. 炮七平八　士4退5

7. 仕六退五　车6平4

红认负。

黑方另有一种更加紧凑的攻法如下:

前炮平5,帅五平六,车6平4,帅六平五,士5进4!车八退二,车4平6,下一步车6进5杀,黑胜。

选自 1984 年全国象棋团体赛林野—谢思明实战对局并增加攻法。

第 235 局　石破天惊

着法（黑先胜）：

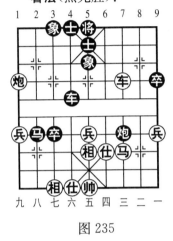

图 235

1. ……　　　　马 2 进 3

2. 帅五进一　……

红如改走帅五平四，则炮 7 平 6，仕四退五，炮 6 退 6，帅四进一，车 4 平 6，仕五进四，车 6 平 7，车三平四，车 7 进 3，仕六进五，车 7 进 1，帅四退一，车 7 平 5，黑胜定。

2. ……　　　　车 4 平 8

3. 马三退四　马 3 退 4

4. 帅五退一　炮 7 进 3！

献炮叫将，石破天惊，黑如接走车三退六或相五退三吃炮，则马 4 进 3，帅五进一，车 8 进 4，黑胜；黑又如接走马四进三，则炮 7 退 6 打车，黑胜定。

选自 1984 年全国象棋团体赛高华—谢思明实战对局。

第 11 章　北京唐丹残杀名局赏析

第 236 局　无士难守

着法（红先胜）：

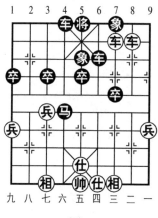

图 236

1. 车三平五　将 5 平 6
2. 车二平三　象 7 进 9

黑如改走马 4 进 6, 则车五平四！车 6 退 1, 车三进一杀, 红胜。

3. 车三平二　象 5 退 7
4. 车五平三　象 7 进 5
5. 车三平四！车 6 退 1
6. 车二进一　象 9 退 7
7. 车二平三

绝杀, 红胜。

选自 2010 年全国象棋个人赛唐丹—陈幸琳实战对局并添加续着。

第 237 局　隔断阴阳

着法（红先胜）：

1. 马四进六！车 4 平 1

黑如改走马 2 进 4, 则车九平六, 红必可得子胜。

2. 车九平八！

黑如接走车 1 平 7, 则兵五平四！马 2 进 4, 车八平六捉马伏杀, 红胜定。

选自 2006 年全国象棋团体赛唐丹—张丽涵实战

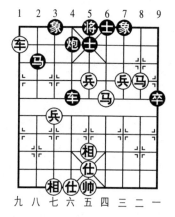

图 237

对局。

第 238 局　一跃成名

着法(红先胜)：

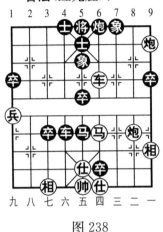

图 238

1. 马四进五　车 4 退 2
2. 车四进三！……

弃车砍炮，立成杀局。

黑有两种应着如下：

（1）士 5 退 6，马五进四，将 5 进 1，炮二进五，连将杀，红胜。

（2）将 5 平 6，炮二进六，象 7 进 9，炮一进一，将 6 进 1，马五进三，将 6 进 1，马三进二，将 6 退 1，炮一退一，连将杀，红胜。

选自 2009 年第 3 届亚洲室内运动会中国象棋队选拔赛唐丹—胡明实战对局并添加应着。

第 239 局　飞花摘叶

着法(红先胜)：

1. 相五进七！车 3 平 6

黑如改走车 3 平 5（黑如车 3 进 2，则车三进四杀，红速胜），则炮七平五，将 5 平 6，车三平四，将 6 平 5，帅五平四，马 1 进 3，车四退一，车 5 进 3，炮五退一，马 3 进 5，仕四退五，车 5 平 7，炮五进七，形成车炮仕相全必胜车双士的实用残局，红胜定。

2. 车三进四　车 6 退 3
3. 车三退二　马 1 退 2

黑如改走马 1 进 2，则炮七平九，马 2 进 1，车三退四捉死马，红胜。

4. 相七退九！马 2 进 3
5. 车三平七　车 6 进 7

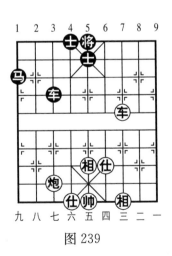

图 239

6. 车七平二　将5平6　　**7.** 炮七进八　将6进1

8. 车二进一　将6进1　　**9.** 炮七退一　士5进4

10. 炮七平四！车6平1　　**11.** 车二退二！将6退1

12. 车二平四

绝杀，红胜。

选自2007年第1届"来群杯"象棋名人战唐丹—赵冠芳实战对局并添加续着。

第240局　侧翼抢攻

着法(红先胜)：

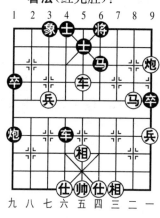

图240

1. 马二进三　将6平5

2. 车五平二　象3进5

3. 炮一进二　士5进4

4. 车二进三　将5进1

5. 车二退一　将5退1

6. 车二平四　炮1平9

7. 炮一平三！

下一步伏马三进四杀，红胜定。

选自2006年"南开杯"京津冀中国象棋对抗赛唐丹—荆聪实战对局并添加续着。

第241局　先声夺人

着法(红先胜)：

1. 炮八平五！象7进5

黑如改走将5平4，则车八平六，车3退1（黑如卒3进1，则炮六平七！卒3平4，车四平六，士5进4，车六进二，将4平5，炮七平五，绝杀，红胜），车六退一，车2进1，炮六平七，车2平4，车六进五，将4进1，炮七退二，黑双车尽失，红胜定。

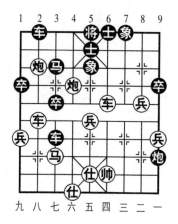

图241

2. 炮六平五！　将 5 平 4　　　**3.** 车八平六　　将 4 平 5

4. 车四进四

绝杀,红胜。

选自 2011 年广西北流市第五届"大地杯"象棋公开赛唐丹—赵玮实战对局。

第 242 局　迷途知返

着法(红先胜)：

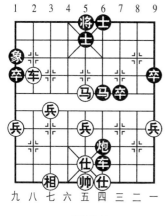

图 242

1. 车八进三　　士 5 退 4

2. 马五进六　　将 5 进 1

3. 仕五进四　　车 6 退 1

黑另有两种应着如下：

(1)将 5 平 4,马六退五！将 4 平 5,车八退一,将 5 进 1,车八平四！红胜定。

(2)车 6 平 4,车八平六,将 5 进 1,车六平四！车 4 退 6(黑如马 6 进 7,则车四平五！将 5 平 6,车五平三！马 7 进 6,车三平四！将 6 平 5,马六退五！将 5 退 1,车四退四,红得马胜定),车四退四,红胜势。

4. 车八退一　　将 5 进 1

5. 马六退五　　车 6 进 1

黑如改走车 6 平 4,则车八平四,马 6 进 7,车四退二！将 5 退 1,车四平五,将 5 平 4,马五进七,将 4 进 1,车五进一杀,红胜。

6. 车八平四　　士 4 进 5

7. 车四退二

下一步车四平五,将 5 平 6,车五进二杀,红胜。

选自 2011 年全国象棋个人赛唐丹—张国凤实战对局并改编。

第 243 局　致命一击

着法(黑先胜)：

1. ……　　　　炮 5 进 4

2. 相五进三　　……

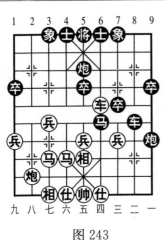

图 243

红如改走相五退三，则马 6 进 5，仕六进五，马 5 退 7 叫将抽车，也是黑胜。

　2.……　　　　马 6 进 5

　3. 仕四进五　　车 8 进 4

　4. 车四退五　　马 5 进 7

连将杀，黑胜。

选自 2010 年第 7 届"威凯杯"全国冠军赛暨象棋一级棋士赛王新光—唐丹实战对局并添加续着。

第 244 局　　莲步轻移

着法(黑先胜)：

　1.……　　　　炮 5 平 4

　2. 车三平六　　将 5 进 1!

上将保炮，妙着！

　3. 仕五进四　　象 5 进 7!

　4. 车六进一　　车 3 退 2

　5. 仕四退五　　车 3 进 1

　6. 帅六退一　　车 3 平 5

　7. 车六退一　　车 5 退 1

下一步伏车 5 平 4 杀，黑胜。

选自 2006 年全国象棋团体赛刚秋英—唐丹实战对局并添加续着。

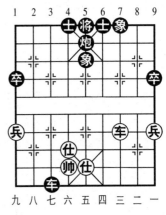

图 244

第 245 局　　中路突破

着法(黑先胜)：

　1.……　　　　马 2 进 3　　　2. 帅五平四　　卒 5 进 1!

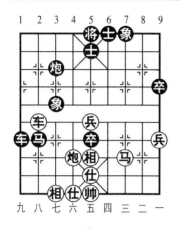

图 245

以下红有两种应着:

(1) 相七进五,车 1 平 6,仕五进四,炮 3 平 6,帅四进一,车 6 平 2,帅四平五,车 2 退 1,黑得车胜定。

(2) 炮六退一,车 1 平 6,帅四平五,车 6 平 4 捉死炮,黑胜定。

选自 2009 年第 1 届全国智力运动会张婷婷—唐丹实战对局并添加应着。

着法(黑先胜):

1.……　　　　　车 8 退 1

2. 帅六退一　……

红此着改走车七退二防守较好,黑虽占优,但一时无法入局。

2.……　　　　　卒 4 进 1!

3. 帅六平五　……

红如改走仕五进六吃卒,则马 8 进 6,黑胜定。

3.……　　　　　车 8 进 1

4. 仕五退四　马 8 进 6

5. 帅五进一　车 8 退 1

绝杀,黑胜。

选自 2008 年全国象棋个人赛单欣—唐丹实战对局。

第 246 局　匹马单枪

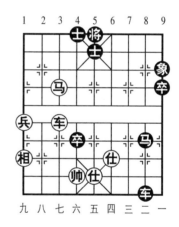

图 246

第 247 局　坚壁清野

着法(黑先胜):

1.……　　　　　车 4 平 6　　2. 帅四平五　车 6 平 3

以下红有四种应着:

(1) 车八退四,马 7 退 6,帅五平四(红如帅五进一,则车 3 平 4,车八进一,

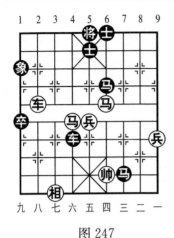

图 247

马 6 进 5,黑胜势。

马 6 退 4,黑得马胜定),马 6 进 4,马六退五,车 3 平 6,帅四平五,马 4 进 2,黑得车胜定。

(2)马六退五,马 7 退 6,帅五平四,马 6 进 8,帅四平五,马 8 进 7,帅五退一,车 3 进 3,马五退六,马 7 退 6,帅五进一,车 3 平 4,黑得马胜定。

(3)帅五平六,车 3 平 4,帅六平五,马 7 退 6,帅五平四,马 6 退 4,黑得马胜定。

(4)帅五平四,车 3 进 2,帅四退一,车 3 进 1,帅四进一,车 3 退 1,帅四退一,车 3 退 2,帅四进一,马 7 退 6,车八退三,马 6 退 4,马四退六,

选自 2008 年"北仑杯"全国象棋大师冠军赛梅正宇—唐丹实战对局并改编。

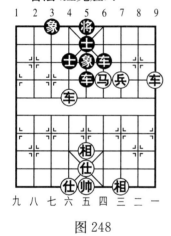

第 12 章 河北李来群残杀名局赏析

第 248 局 承上启下

着法（红先胜）：

图 248

1. 车一进三 车 6 退 2

黑如改走士 5 退 6，则车六进二，车 5 平 6，兵三平四，车 6 进 1，黑车单缺士难以抵挡红双车的进攻，红胜定。

2. 马四进三 将 5 平 4

3. 车一平四！ 将 4 进 1

4. 车四平七 车 5 平 7

5. 车六平八 车 7 退 2

6. 车八进三

绝杀，红胜。

选自 2009 年第 1 届"三李杯"国际城市混双赛李来群、胡明—范启源、吴兰香实战对局并添加续着。

第 249 局 信手拈来

着法（红先胜）：

1. 车三退一 将 4 退 1

黑如改走将 4 进 1，则马五进六，车 1 退 2（黑如改走车 1 平 3，则马六进四，将 4 平 5，车三退一杀，红胜），车三进一！ 将 4 退 1，马六进七捉车叫杀，红胜。

2. 马五进六 ……

以下黑有两种应着：

(1) 将 4 平 5，车三进一，将 5 进 1，马六进七，将 5 平 6，车三平五，车 1 退 1，车五退一，将 6 退 1，马七退五，下一步伏马五进三杀，红胜。

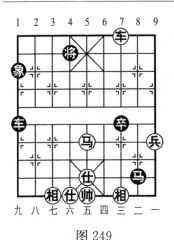

图 249

(2)车1平3,相七进五,车3退1,马六进五,将4平5,马五进七,将5平4,车三退四,将4进1(黑如改走车3平4,则马七退五叫将抽车,红胜),车三平六,将4平5,车六平二提马叫杀,红胜定。

选自1991年第1届"鳌鱼杯"象棋棋王挑战赛李来群—吕钦实战对局并添加应着。

第250局 车低兵巧胜车象

着法(红先胜):

1. 车六平二   车6平5

2. 帅五平六   将6平5

3. 车二进一   将5进1

4. 兵七平六   将5平6

5. 车二退一   将6退1

6. 兵六平五

红胜。

选自1991年第1届"鳌鱼杯"象棋棋王挑战赛李来群—吕钦实战对局并添加续着。

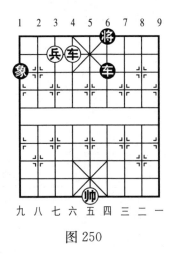

图 250

第251局 披坚执锐

着法(红先胜):

1. 车五平二   马8进7

2. 帅四平五　　马 7 退 6

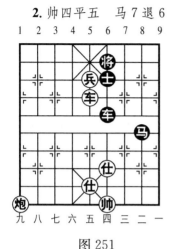

图 251

战对局并添加应着。

黑如改走车 6 平 1,则车二进二,将 6 退 1,兵五平四,将 6 平 5,兵四平五,车 1 进 5,仕五退六,将 5 平 4,车二进一,将 4 进 1,兵五进一,将 4 进 1,车二退二,绝杀,红胜。

3. 炮九进八　　……

以下黑有两种应着:

(1) 车 6 平 8,车二平四,车 8 退 2,车四退二,红得马胜。

(2) 车 6 平 1,车二进二,将 6 退 1,兵五进一! 士 6 退 5,车二进一杀,红胜。

选自 1988 年全国象棋个人赛李来群—徐健秒实战对局。

第 252 局　　无声胜有声

着法(红先胜):

1. 炮五平四　　车 7 平 6

2. 马四进二　　车 6 平 8

黑如改走车 6 平 5,则炮四平一,红胜定。

3. 炮四退一　　车 8 平 5

黑如改走车 8 进 5,则仕五进四! 车 8 平 6,兵五平四,绝杀,红胜。

4. 炮四平一

红伏有马后炮杀,黑认负。

选自 1991 年第 2 届"银荔杯"象棋争霸赛李来群—吕钦实战对局。

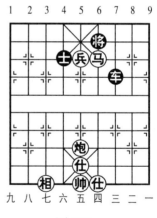

图 252

第 253 局　忍痛割爱

着法（红先胜）：

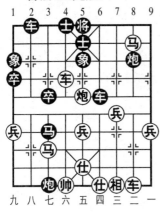

图 253

1. 车六平一！　车 6 平 5

黑如改走炮 8 平 6,则马二退四,车 6 退 2,车二进九,车 6 退 2,车一进三！红胜。

2. 车一进三　象 5 退 7

3. 车一平三　士 5 退 6

4. 马二退四　将 5 进 1

5. 车三退一　将 5 进 1

6. 马四退五　炮 8 平 6

7. 马五进七

绝杀,红胜。

选自 1987 年全国象棋个人赛李来群—于幼华实战对局并改编。

第 254 局　三拳两脚

着法（红先胜）：

1. 马八进六　将 4 平 5

黑如改走炮 3 平 4,则马六进七,将 4 平 5,车八平七,炮 4 退 6,车七平六,连将杀,红胜。

2. 马六进七！

下一步伏车八平七吃马杀,黑认负。

选自 1985 年"王冠杯"象棋大师邀请赛李来群—言穆江实战对局。

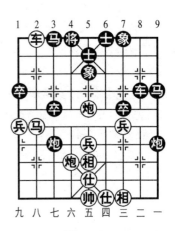

图 254

第 255 局　此来彼往

着法(红先胜):

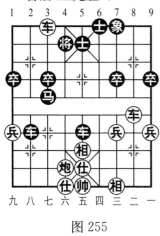

图 255

1. 车二平六　士 5 进 4

2. 车七退一　将 4 退 1

3. 车六进三　将 4 平 5

4. 车七进一　将 5 进 1

5. 车六进二

黑如接走马 3 退 5,则车六平五,将 5 平 6,车五平四,将 6 平 5,车七平五,将 5 平 4,仕五进六,马 5 进 4,车五平六,将 4 平 5,车四平五,将 5 平 6,车六退一,将 6 进 1,车六平三,马 4 退 6,炮六平四!马 6 进 7,车三退二,绝杀,红胜。

选自 1999 年全国象棋团体赛李来群—洪智实战对局。

第 256 局　知难而退

着法(红先胜):

1. 马七退五!……

解杀还杀,妙着!

1. ……　　　车 4 退 4

黑如改走将 4 进 1,则马五退七,将 4 退 1,马七退五!车 4 进 2,车七平四,将 4 进 1,马五进七,将 4 进 1,车三进一,炮 5 进 1,车三平五,绝杀,红胜。

2. 车三平八!将 4 进 1

黑如改走车 4 平 5 吃马,则车七平六,炮 5 平 4,车八进三杀,红胜。

3. 车八进二!炮 5 平 2　**4.** 车七进三

绝杀,红胜。

选自 1999 年全国象棋团体赛李来群—金波实战对局。

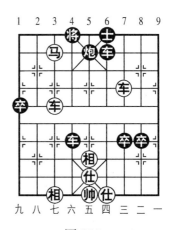

图 256

第257局 车仕相全巧胜马卒单缺象

着法（红先胜）：

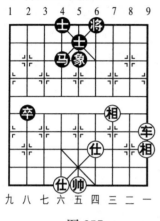

图257

1. 车一平五　象5退3

2. 车五平四　将6平5

3. 车四进四！马4进5

4. 车四平七

捉死象后再捉死卒，形成单车必胜马双士的实用残局，红胜。

选自1993年全国象棋团体赛李来群—陈信安实战对局并添加续着。

第258局　舍近求远

着法（红先胜）：

1. 炮五平四　士5进6

黑如改走车6平5，则车六平四，士5进6，车四进四，将6平5，马六进七，将5进1，炮四平八！下一步炮八进六杀，红胜定。

2. 马六退五　车6进2

3. 车六进六　将6进1

4. 车六平五　卒7进1

5. 马五进六　马1退3

6. 车五退一　将6退1

7. 马六进四

下一步马四进二双将杀，红胜。

选自1991年第2届"银荔杯"象棋争霸赛李来群—徐天红实战对局并改编。

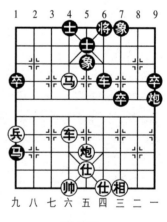

图258

第 259 局　马低兵相巧胜炮士

着法(红先胜):

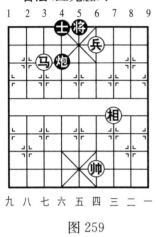

图 259

1. 马七退六　炮 4 退 1

黑如改走炮 4 进 1,则马六进四,炮 4 平 5,帅四退一! 士 4 进 5,兵四平五,将 5 平 6,帅四平五,炮 5 退 1,马四退二,下一步马二进三杀,红胜。

2. 马六进四　炮 4 平 3

3. 马四进六　炮 3 平 4

4. 帅四进一!　士 4 进 5

5. 帅四平五　将 5 平 4

6. 兵四平五　炮 4 平 3

7. 马六进八

黑被困毙,红胜。

选自 1991 年全国象棋团体赛李来群—黄景贤实战对局。

第 260 局　和气生财

着法(红先胜):

1. 炮九平五　将 5 平 4

2. 车五平七　士 5 进 4

3. 炮一平六　……

以下黑有两种应着结果均负:

(1)士 4 退 5,车七进四,将 4 进 1,炮五平六重炮杀,红胜。

(2)车 9 平 4,炮五平六打死车,红胜。

选自 1981 年全国象棋个人赛李来群—于幼华实战对局并添加应着。

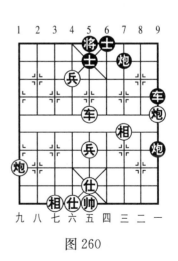

图 260

第261局　迫不及待

着法(红先胜)：

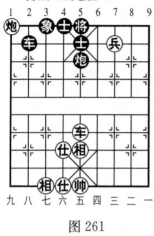

图261

1. 车五进四！　车2退1
2. 车五平二　车2平1
3. 相五进七！……

扬相做杀,神妙!

3. ……　　　　象3进5
4. 兵三平四　士5退6
5. 车二平五　士4进5
6. 兵四平五！士6进5
7. 车五平三　将5平4
8. 车三进二　将4进1
9. 车三平九

红得车胜。

选自1981年全国象棋个人赛李来群一言穆江实战对局并添加续着。

第262局　马低兵仕相全巧胜单缺象

着法(红先胜)：

1. 马五进七　象5进7
2. 马七进八！象7退5

黑如改走士5退6,则马八退六,将5平4,帅六平五,将4进1,马六退五!将4退1(黑如象7退9,则马五进四,将4进1,兵四进一,红胜),马五进七!象7退9,兵四进一,象9进7,兵四平五杀,红胜。

3. 帅六平五！士5退6
4. 马八退六　将5平4
5. 马六进八　将4平5
6. 马八退七

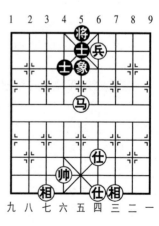

图262

捉死象,红胜定。

选自1984年第2届"避暑山庄杯"象棋邀请赛李来群—胡远茂实战对局并添加续着。

第263局 荡气回肠

着法(红先胜):

1. 车四进八! ······

以下黑有四种应着:

(1)实战应着:车8进1,车四平二,车4平8,马八进六,车8平4,炮七平六打死车,红胜定。

(2)车4平6,车八平五! 士4进5(黑如士6进5,马八进七,将5平6,炮七进五杀,红胜),马八进六,将5平4,炮七平六杀,红胜。

(3)士6进5,炮七平五! 车8进9(黑如象5进7,则帅五平四! 车8进9,帅四进一,炮3进8,仕五进六,车8退1,帅四进一! 炮3平6,

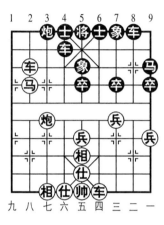

图263

车四平五! 士4进5,车八进二,车4退1,马八进七杀,红胜),仕五退四,象5进7,车八平六,车4平2,车六平四,象7退5,后车平三,车8退9,炮五进三,士5退6,车四平八,红胜定。

(4)士4进5,炮七平九,车4平1,车八进二,车1进2,马八进六! 士5进4(黑如将5平4,则炮九平六,车1平4,马六进七,车4进2,马七退八,红胜),车四平六,车1平3,炮九进五,下一步车八平七杀,红胜定。

选自1979年哈尔滨四省市象棋个人邀请赛李来群—柴如林实战对局并添加续着和增加应着。

第264局 煞费苦心

着法(红先胜):

1. 兵五进一! 车2平6

2. 兵五平四 士5进6

黑如改走车6平5,则兵四进一,炮2进1,车一平四,将5平4(黑如马3进4,则车四退一,红可得子),炮六退五,象7进9,兵四进一! 士5退6,车四进三,

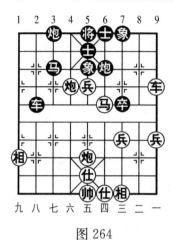

图 264

将 4 进 1,车四平七,红必可得子胜。

3.炮六退三　将5进1

黑如改走车6平4,则车一平五! 马3退5 (黑如士6进5,则车五平七,将5平6,车七进一,红得子胜定;黑又如象7进5,则车五进一,马3退5,炮五平二! 红胜),车五平七,马5进7,车七进三,红得子胜定。

4.炮六平五!

黑如接走士5平4,则车一平六杀,红胜;黑又如接走将5平6,则车一进二杀,红胜。

选自1978年全国象棋个人赛李来群—程福臣实战对局。

第 265 局　归之若水

着法(红先胜):

1.车五平四!　车9退1

黑如改走车9平8,则车三进四,下一步车四进二或车三平四杀,红速胜。

2.车三退一!

退车邀兑,妙极! 黑如兑车,红车兵单缺仕必胜炮卒双士;黑如不兑车,接走车9进4,则车三进五,红胜定。

选自1982年第2届亚洲象棋锦标赛李来群—陈思飞实战对局。

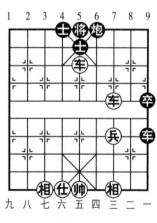

图 265

第 266 局　天昏地暗

着法(红先胜):

1.炮五进二　将5平4

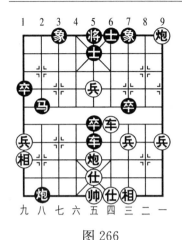

图 266

2.炮五进四! 车 5 平 3

黑如改走车 5 平 4,则车四进五,将 4 进 1,车四平六,将 4 平 5,车六退六,红得车胜定。

3.车四进五 将 4 进 1

4.炮五平二! ……

以下黑有两种应着:

(1)马 2 退 3,炮一退一,将 4 进 1,车四退二,象 3 进 5,兵五平六杀,红胜。

(2)车 3 进 3,仕五退六,车 3 平 4(黑如车 3 退 6,则仕六进五,车 3 平 5,车四平六,将 4 平 5,车六平五,将 5 平 4,车五退三,红得车胜定),

帅五进一,马 2 退 3,炮一退一,将 4 进 1,车四退二,象 3 进 5,兵五进一! 象 7 进 5,车四平五杀,红胜。

选自 1989 年全国象棋个人赛李来群一阎文清实战对局并添加应着。

第 267 局 拉 抽 屉

着法(红先胜):

1. 前车进四 士 5 退 4

2. 车六进七 将 5 进 1

3. 车六退一

连将杀,红胜。

选自 1983 年全国象棋个人赛李来群一阎玉锁实战对局并添加续着。

第 268 局 乘虚而入

着法(红先胜):

1. 车八平五 ……

以下黑有三种应着:

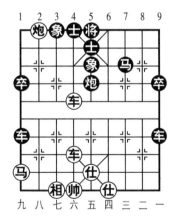

图 267

(1)实战应着:将 5 平 6,马四进六! 下一步车五平四杀,红胜。

(2)将 5 平 4,车五平六,将 4 平 5,车六进三! 将 5 平 6,马四进三,士 6 进 5,车六平七! 马 3 退 4,车七退一! 车 1 退 4(黑如马 4 退 6,则马三退五! 将 6

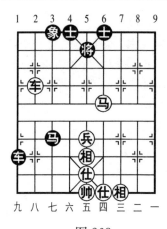

图 268

战对局并增加应着。

进 1,车七退一,士 5 进 4,车七平六杀,红胜),车七平五,将 6 进 1,马三进四,下一步马四退二杀,红胜。

（3）象 3 进 5,马四进五,马 3 进 2,相五退七,车 1 平 3,相三进五,车 3 退 5,马五退三,将 5 平 4,车五平八,马 2 退 3,车八进二,将 4 进 1,马三退五,将 4 平 5,车八平六！士 4 进 5,车六退二,车 3 进 2,马五进三,将 5 平 6,车六平四,将 6 平 5,车四平五,将 5 平 4,车五平六杀,红胜。

选自 1983 年全国象棋团体赛李来群—王秉国实战对局。

第 269 局　借题发挥

着法(红先胜)：

1. 马一进三　将 5 平 4

2. 马三退五！将 4 平 5

黑方另有三种应着如下：

(1)象 7 进 5,车二退六带响将抽车,红胜。

(2)士 6 退 5,炮一平三,将 4 进 1,马五退七,将 4 进 1,车二退二,士 5 进 6,车二平四杀,红胜。

(2)将 4 进 1,马五进四,将 4 平 5,车二退一,将 5 退 1,马四退三,象 7 进 5,车二平四,车 3 平 9,炮一平二,红胜定。

3. 马五进七　马 2 进 4

4. 炮一平三　士 6 进 5

5. 炮三退二！士 5 退 6

6. 车二平四！将 5 进 1

7. 马七退六

绝杀,红胜。

选自 1983 年全国象棋团体赛李来群—臧如意实战对局并改编。

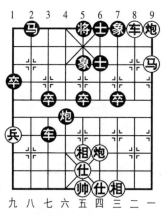

图 269

第 270 局　励精图治

着法（红先胜）：

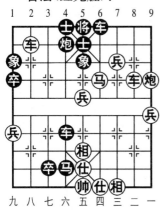

图 270

1. 炮一进三！……

以下黑有两种应着：

（1）车 6 平 9，车八平六！车 4 退 5，马四进三，将 5 平 6，马三进一，红胜定。

（2）车 6 进 1，车八平六！车 4 退 5，车二进三，士 5 退 6，车二退一，士 6 进 5，车二平四，红胜定。

选自 1982 年"长安杯"中国象棋国手邀请赛李来群—赵国荣实战对局并添加应着。

第 271 局　动辄得咎

着法（黑先胜）：

1. ……　　　　马 3 进 1

2. 帅六平五　　卒 3 平 4

3. 马六退八　　……

红如改走马六退七，则马 1 退 3，仕五进六，马 3 进 2 杀，黑胜。

3. ……　　　　马 1 进 3

4. 仕五退六　　马 3 退 4

5. 仕六进五　　马 4 进 2！

黑下一步伏卒 4 进 1 杀，红如接走仕五进四，则卒 4 进 1，帅五进一，炮 1 退 1 杀，黑胜。

选自 1985 年全国象棋个人赛李艾东—李来群实战对局。

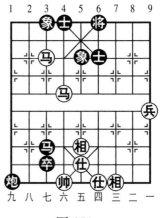

图 271

第272局　负隅顽抗

着法(黑先胜)：

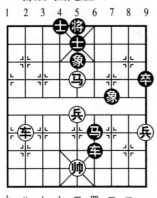

九 八 七 六 五 四 三 二 一

图272

4. 车五平七　　车6平5
5. 帅五平四　　马3退4
6. 车七平六　　马4进5!

因黑伏有抽车、抽马的恶手,红认负。

选自1991年全国象棋个人赛赵庆阁—李来群实战对局。

1. ……　　　　马6进4!
2. 车八平五　　……

红另有两种应着：

(1)车八平六,马4进3,帅五退一(红如车六退三,则车6进2捉死车,黑胜定),将5平6,帅五平6,车6进2,帅六进一,马3退2,帅六进一,马2退4,黑得车胜定。

(2)车八平七,车6退4!兵五进一,马4退6,帅五平六,马6退5,黑大优。

2. ……　　　　车6进1
3. 帅五进一　　马4进3

第273局　大雨如注

着法(黑先胜)：

1. ……　　　　马4进3
2. 帅六平五　　……

红如改走帅六进一,则车6平4,仕五进六,车4进1,帅六平五,车4平7,帅五平六(红如车8平7,则卒3进1,黑多子胜定),车7进1,仕四进五,车7平5杀,黑胜。

2. ……　　　　车6平4!

黑伏有马5进6,仕五进四,车4进3的杀着,红认负。

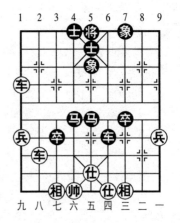

九 八 七 六 五 四 三 二 一

图273

选自 1984 年全国象棋个人赛尚威—李来群实战对局。

第 274 局 呆若木鸡

着法（黑先胜）：

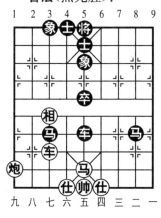

图 274

1. ……　　　马 3 进 5！

2. 车七平五　……

红如改走相七退五，则马 8 进 6 杀，黑胜；红又如改走马五进三，则马 5 进 7 双将杀，黑胜。

2. ……　　　车 5 进 1

3. 相七退五　马 8 进 6

绝杀，黑胜。

选自 1976 年中国象棋团体赛预赛程志远—李来群实战对局并添加续着。

第 275 局 金屋藏娇

着法（黑先胜）：

1. ……　　　马 4 退 5

2. 仕六退五　马 5 进 3

3. 帅五平六　卒 6 进 1

4. 仕五进四　马 3 退 4

5. 马一退二　炮 5 平 4

6. 帅六平五　马 4 进 3

7. 帅五平六　炮 4 退 4

黑伏有士 5 进 4 杀，红认负。

选自 1985 年全国象棋团体赛蒋志梁—李来群实战对局。

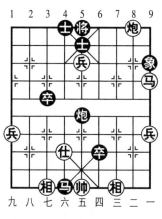

图 275

第 276 局　金戈铁马

着法(黑先胜)：

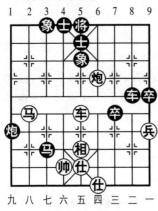

图 276

2. ……　　　炮 1 进 3

3. 相五退七　车 8 平 3

4. 帅六进一　……

红如改走帅六平五，则车 3 进 5，仕五退六，车 3 退 1，马八退九，马 2 退 1，仕六进五，马 1 进 2，仕五退六，马 2 退 3，仕六进五，车 3 退 1，仕五退六，车 3 平 4 杀，黑胜。

4. ……　　　车 3 进 5

5. 帅六进一　炮 1 退 2！

以下红有两种应着：

(1)帅六退一，车 3 退 2，帅六退一，炮 1 进 2，绝杀，黑胜。

(2)帅六平五，车 3 退 2，仕五进六，车 3 退 2，马八退九，车 3 平 5，帅五平四，马 2 退 1，黑胜定。

选自 1982 年全国象棋个人赛戴荣光—李来群实战对局并添加应着。

1. ……　　　马 3 进 2

2. 帅六退一　……

红如改走帅六进一，则炮 1 退 1！

以下红有两种应着：

(1)车五退一(红如相五进七，则车 8 平 2 捉死马)，车 8 平 2，车五平八，马 2 退 3，车八平七，车 2 进 1 吃马伏杀，黑胜定。

(2)马八进七，炮 1 进 2，马七退八，车 8 平 3，相五进七，炮 1 平 2，马八退九，马 2 退 3，帅六退一，车 3 平 4，仕五进六，车 4 进 3，帅六平五，车 4 退 1，帅五平四，车 4 平 6 杀，黑胜。

第 277 局　马步纵横

着法(黑先胜)：

1. ……　　　马 4 进 2

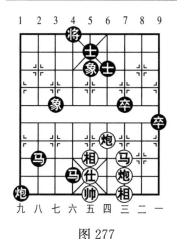

图 277

2. 仕五退六　……

红如改走相五退七，则后马进 3，仕五退六（红如改走帅五平四，则马 3 退 4，仕五退六，马 2 退 3，仕六进五，马 3 进 4 杀，黑速胜），马 3 退 4，帅五进一，马 4 退 6，帅五平四，马 6 进 7，黑连抽两子胜定。

2. ……　　　　前马退 3

3. 仕六进五　……

红如改走相五退七，则马 2 进 3，炮三平七，前马退 1，仕六进五，马 2 退 3，炮四退二，卒 7 进 1，黑大优。

3. ……　　　　马 2 进 3

4. 仕五退六　前马退 4

5. 帅五进一　马 4 进 5

叫将抽炮，红认负。

选自 1990 年全国象棋个人赛于幼华—李来群实战对局。

第 278 局　片言只语

着法(黑先胜)：

1. ……　　　　炮 2 平 3

2. 仕五进四　……

红如改走帅五平四，则炮 3 进 1，帅四进一，车 8 进 1 杀，黑胜。

2. ……　　　　炮 1 进 2

3. 仕六进五　炮 3 进 1

4. 后马退八　车 8 进 2

5. 仕五退四　炮 3 平 6

叫将抽车，黑胜。

选自 1991 年全国象棋个人赛卜凤波—李来群实战对局。

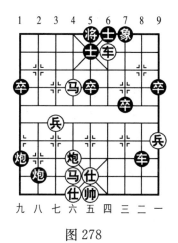

图 278

第279局　虎踞龙盘

着法（黑先胜）：

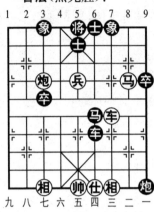

图279

1. ……　　　车6进3
2. 帅五进一　马6进4
3. 帅五平六　车6平4

连将杀，黑胜。

选自1990年"合作银行杯"南北象棋超级棋星对抗赛胡荣华—李来群实战对局。

第280局　威风八面

着法（黑先胜）：

1. ……　　　车8进2
2. 仕五退四　后马进5
3. 仕六进五　马3进5！

红如接走帅五进一吃马，则车8退1，帅五退一（红如帅五进一，则卒4进1杀，黑胜），马5进6，帅五平六，车8平4，绝杀，黑胜。

选自1987年第六届全国运动会象棋决赛胡荣华—李来群实战对局。

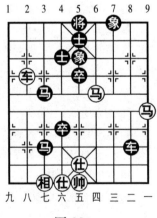

图280

第 281 局　车马双士巧胜车炮

着法（黑先胜）：

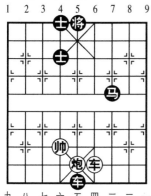

图 281

1. ……　　　车 5 平 4！

2. 炮五平六　马 7 进 5

3. 帅六平五　车 4 平 5！

4. 车四平五　……

红如改走炮六平五，则车 5 平 2！炮五平八，士 4 进 5！

以下红有两种应着：

（1）车四平七，车 2 平 5，车七平五，马 5 进 3，帅五平六，车 5 退 1，黑胜定。

（2）炮八平七，车 2 平 5！炮七平五，马 5 进 3！帅五平四，士 5 退 6，车四平三，车 5 平 6！车三平四，车 6 平 9，车四平三，车 9 退 3！黑胜定。

4. ……　　　车 5 平 2

此着改走车 5 平 9 更好。

5. 车五平一　车 2 退 3

红如接走帅五退一，则车 2 平 5，帅五平四，马 5 进 7，帅四退一，车 5 进 3 杀，黑胜。

选自 1980 年全国象棋团体赛胡荣华—李来群实战对局。

第 282 局　挖空心思

着法（黑先胜）：

1. ……　　　车 8 平 5！

2. 帅五进一　……

红如改走帅五平六，则马 5 进 3，马九退七，车 7 平 4 连将杀，黑胜。

2. ……　　　马 5 进 7

3. 帅五退一　车 7 平 6

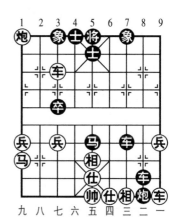

图 282

4. 帅五平六　车6进3

5. 帅六进一　车6平4

绝杀, 黑胜。

选自1994年"百花杯"第4届象棋棋王挑战赛吕钦—李来群实战对局并添加续着。

第283局　相煎太急

着法(黑先胜):

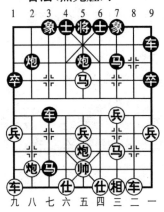

图283

1. ……　　　　车3平2

2. 炮八进六　马3进1

3. 炮八平三　车2进3

4. 帅五退一　马1退3

5. 帅五进一　马3退2

6. 帅五退一　马2进4

绝杀, 黑胜。

选自1991年"宝仁杯"象棋世界顺炮王争霸战林关浩—李来群实战对局。

第284局　进退有序

着法(黑先胜):

1. ……　　　　车4进1

2. 帅五进一　车4退1

3. 帅五退一　马2进4

4. 炮八退五　……

红如改走车二进一, 则马4进5, 车二平五, 马5进3, 炮八平七, 象5进3! 下一步伏车4平6杀, 黑胜。

4. ……　　　　马4进5

5. 车二平五　马5进7

绝杀, 黑胜。

选自1987年第7届"五羊杯"全国象棋冠军邀请赛柳大华—李来群实战对局并添加续着。

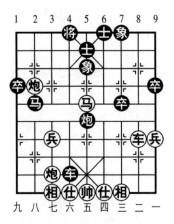

图284

第 13 章　河北刘殿中残杀名局赏析

第 285 局　相辅相成

着法(红先胜)：

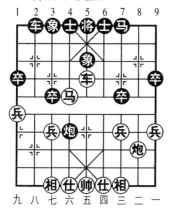

图 285

进四杀,红胜。

2. 车五平六　炮 4 平 5

3. 马四进六　将 5 进 1

4. 车六平三　将 5 平 4

5. 炮二平六!　炮 5 平 4

6. 马六退五　炮 4 平 5

7. 车三进二!　士 4 进 5

8. 马五退六

绝杀,红胜。

选自 2007 年全国象棋甲级联赛刘殿中—张强实战对局并添加续着。

1. 马六进四　马 7 进 6

黑方另有两种着法：

(1)车 2 进 1,车五退三,炮 4 退 3(黑如改走车 2 平 4,则车五进四,士 4 进 5,车五平七,红胜势),马四进六,车 2 平 4,车五进四,士 4 进 5,炮二进六! 打死车,红胜定。

(2)炮 4 退 5,车五进一,士 6 进 5(黑如改走炮 4 平 5,则炮二平五! 象 3 进 5,马四进六杀,红胜),车五平三,马 7 进 9,炮二进六! 将 5 平 6,车三进二,将 6 进 1,马四进二,将 6 进 1,车三退二! 将 6 退 1,车三退二,将 6 退 1,车三

第286局 剑拔弩张

着法(红先胜):

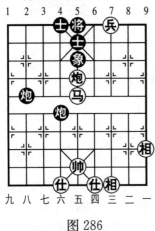

图286

1. 马五进三　炮4平5

2. 兵三平四！　将5平6

3. 马三进二　将6进1

黑如改走将6平5,则马二退四,将5平6,炮五平四,绝杀,红胜。

4. 炮五平一　炮2平7

5. 炮一进二　炮7退3

6. 炮一平三

红得炮胜定。

选自2006年全国象棋个人赛刘殿中—张学潮实战对局并添加续着。

第287局 待字闺中

着法(红先胜):

1. 车五退一　车4平5

2. 马七退五　将6退1

3. 车五平四　将6平5

4. 炮四平五　车3退2

5. 仕四进五！　车3平5

6. 帅五平四　前车进5

7. 车四进三

绝杀,红胜。

选自1964年全国象棋个人赛刘殿中—陈柏祥实战对局并添加续着。

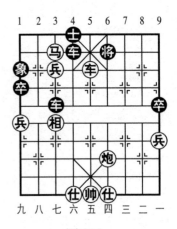

图287

第 288 局　虎口送子

着法(红先胜)：

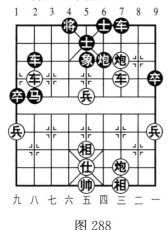

图 288

1. 车三平六！　马 2 退 4
2. 后炮进八　　将 4 进 1
3. 车八平六　　士 5 进 4
4. 前炮平一

红得子胜定。

选自 1986 年全国象棋团体赛刘殿中—卜凤波对局并添加续着。

第 289 局　奔流不息

着法(红先胜)：

1. 车二进一！……

进车照将，妙手！红当然可以改走车二退五吃马，车 4 平 1，车九退五，车 6 平 1，形成车炮仕相全必胜车单缺士的残局定式，但不及实战简便。

1. ……　　象 5 退 7

黑如改走象 9 退 7，则炮八进八，象 5 退 3(黑如士 4 进 5，则炮八平三，士 5 退 4，炮三平六，将 5 进 1，车二退六，红胜定)，车二退六，车 4 平 1，车九退五，车 6 平 1，车二进六捉死象，红胜定。

2. 炮八进八　　将 5 进 1
3. 车二退一　　将 5 进 1

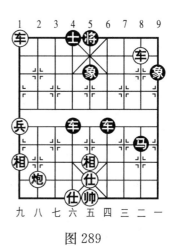

图 289

4. 车九退二　车4退3

5. 炮八退二！

黑如接走车4进4,炮八退六,车4退4,车二退一,车6退3,车九平六,将5平4,车二平四,红胜定。

选自1986年全国象棋团体赛刘殿中—蒋全胜实战对局。

第290局　独具匠心

着法(红先胜):

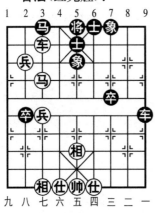

图290

1. 马四进五！炮7平5

黑另有两种着法:

(1)车7平5,车七退三,炮4进1,车七平五,红得车胜定。

(2)象7进5,车七退一,象5退3,车七进一,车8平6,马五进六,车6平2,车七退三,车2退3,马六进八,红得车胜定。

2. 马五进七　……

黑有两种应着,均难解困,变化如下:

(1)炮5平3,车七退二,炮4进1,车七进二,炮4退1,车七退三抽车,红胜定。

(2)将5平6,马七进六！车8平2,马六退

1. 马七进六！将5平4

2. 兵八平七　卒2平3

3. 车七进一　将4进1

4. 兵七进一　将4进1

5. 车七平八

下一步伏车八退二杀,红胜。

选自2004年全国象棋个人赛刘殿中—苗永鹏实战对局。

第291局　气吞山河

着法(红先胜):

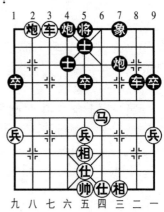

图291

五,将6进1,车七平三,红净多两子,胜定。

选自 2002 年全国象棋个人赛刘殿中—胡荣华实战对局并添加应着。

第 292 局 骇浪惊涛

着法(红先胜):

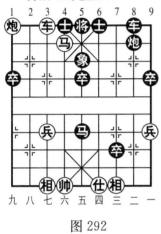

图 292

1. 车七退二　将5进1

黑如改走士4进5,则马六进八,象5退3(黑如改走士5退4,则车七平五,士6进5,马八退七杀,红胜),车七进二,士5退4,马八退七,下一步伏车七平六杀,红胜。

2. 炮九退一　将5退1

3. 马六退四　炮8平6

4. 车七平五　士4进5

5. 炮九平四　马5进3

6. 帅六进一

黑如接走车8进2,则炮四平三,车8平6,炮三进一杀,红胜。

选自 2001 年第 1 届 BGN 世界象棋挑战赛刘殿中—徐天红实战对局。

第 293 局 费尽心机

着法(红先胜):

1. 车四进二　将4进1

2. 兵七进一　将4平5

3. 炮九进六　将5进1

4. 车四平三

黑如接走将5平4,则车三退二,炮5退4,车三平五杀,红胜。

选自 2001 年"翔龙杯"象棋电视快棋赛刘殿中—金波实战对局。

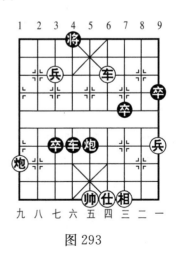

图 293

第294局　统筹兼顾

着法(红先胜)：

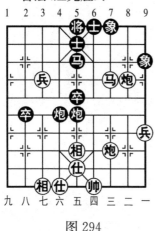

图 294

1. 炮二进二！　象 9 进 7
2. 马三退五　　象 7 退 9
3. 相五进三！　象 9 进 7
4. 相三退一！　象 7 退 9
5. 马五退三　　象 9 进 7
6. 马三退四　　炮 5 平 6
7. 马四进六

黑必丢炮，红胜定。

选自 1998 年全国象棋团体赛刘殿中—胡荣华实战对局并添加续着。

第295局　有象难飞

着法(红先胜)：

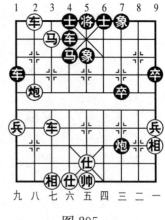

图 295

1. 炮八平六！　马 4 进 5
2. 车八平六　　将 5 进 1
3. 车七平二　　车 1 平 7

黑如改走马 5 退 7，则车六退一！将 5 平 4，马七退六杀，红胜。

4. 马七退六！　马 5 退 4

黑如改走车 4 进 2，则车二进五，车 7 退 2，车二平三，炮 7 退 6，车六退三，红得车胜定。

5. 炮六平五！

黑方陷入有象难飞的困境，黑如接走车 7 平 5，则车二进五杀，红胜。

红方另有一路攻法如下：

炮八平六，马 4 进 5，车八平六，将 5·进 1，车六退一，将 5 平 4，马七退六，马 5 退 4，车七进四！士 6 进 5(黑如改走将 4 平 5，则车七进一，将 5 退 1，马六进四杀，红胜)，马六进八，马 4 进 5，车七平六！将 4 进 1，马八退六杀，红胜。

选自 1990 年全国象棋团体赛刘殿中—苗永鹏实战对局。

第 296 局 高车驷马

着法（红先胜）：

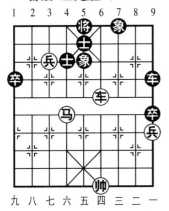

图 296

3. 马六进七！ 车 4 平 3

4. 车四进三

红胜定。

1. 兵七平六！ 卒 9 进 1

黑另有三种应着：

(1) 车 9 平 4，马六进八，车 4 退 1，兵一进一，红大优。

(2) 士 5 进 4，车四进四，将 5 进 1，马六进四，车 9 退 1（黑如将 5 平 4，则兵一进一，车 9 进 2，车四退一，士 4 退 5，马四进五，红大优），马四进二，卒 9 进 1，马二进三捉车伏杀，红胜。

(3) 将 5 平 4，兵六平五，象 7 进 5，兵一进一，车 9 进 2，马六进七，红大优。

2. 兵六进一 车 9 平 4

选自 1989 年全国象棋团体赛刘殿中—徐天红实战对局并添加续着。

第 297 局 坐镇中营

着法（红先胜）：

1. 车三平五！ 车 4 平 2

平车正着，黑如误走马 4 进 6，则车五退一！将 4 平 5，马二进三杀，红速胜。

2. 车五退一！ 将 4 进 1

3. 车五退二 将 4 退 1

4. 车五平六 车 2 平 4

5. 马二进四 将 4 平 5

6. 车六进一

红得车胜。

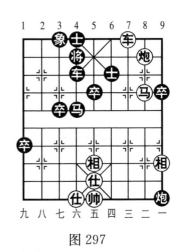

图 297

选自1984年全国象棋团体赛刘殿中—赵国荣实战对局并添加续着。

第298局 旁敲侧击

着法（黑先胜）：

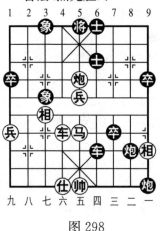

图298

1. ……	车6平5
2. 帅五平四	卒7平6
3. 车六进六	……

红如改走马五进六，则炮8进2，帅四进一，卒6进1杀，黑胜。

3. ……	将5平4
4. 相七退五	卒6进1
5. 帅四平五	卒6进1

下一步伏炮8进2杀，黑胜。

选自1975年第三届全国运动会象棋赛郭长顺—刘殿中实战对局。

第299局 胸有成竹

着法（黑先胜）：

1. ……	车7进1
2. 帅四进一	炮2退2
3. 车六平八	马6进4
4. 车八退三	马4退5
5. 帅四平五	马5进3
6. 帅五平四	马3进4

叫将抽车，黑胜。

黑方另有一种攻法如下：

车7进1，帅四进一，炮2退2，车六平八，车7退1！帅四退一，马6进4，马四退五，车7进1，帅四进一，马4退5双将杀，黑胜。

选自1983年全国象棋团体赛傅光明—刘殿中实战对局并添加续着和增加攻法。

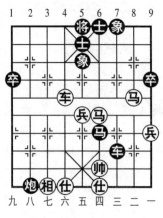

图299

第 300 局　超凡入圣

着法（黑先胜）：

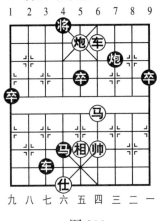

图 300

选自 1986 年全国象棋个人赛赵庆阁—刘殿中实战对局。

1. ……　　　　马 4 进 5

2. 仕六进五　　车 3 平 5

3. 车四进一　　……

红方另有两种着法：

（1）相五进三，车 5 退 2！帅四退一，车 5 平 6，帅四平五，炮 7 平 5 杀，黑胜。

（2）相五进七，炮 7 平 5！马四退六，车 5 平 7，马六退五，车 7 平 5，黑胜定。

3. ……　　　　将 4 进 1

4. 马四进五　　炮 7 平 5

下一步伏车 5 平 7 杀，黑胜。

第 301 局　销魂夺魄

着法（黑先胜）：

1. ……　　　　车 5 进 1！

弃车砍炮，精妙！

以下红有两种应着：

（1）车五平七，炮 7 平 5，帅五平四，炮 5 平 6，下一步伏马 8 进 6 杀，黑胜。

（2）相七进五，炮 7 平 5！帅五平四，炮 5 退 4，黑得子胜定。

选自 2006 年全国象棋甲级联赛汪洋—刘殿中实战对局并添加应着。

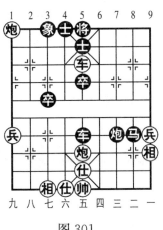

图 301

第 302 局　　一炮两响

着法（黑先胜）：

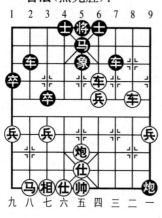

图 302

1. ……	车 7 进 7
2. 仕五退四	炮 9 平 6
3. 炮五平四	炮 6 平 4
4. 帅五进一	马 5 进 7
5. 车二平三	车 2 进 6
6. 帅五进一	车 7 平 5
7. 帅五平六	车 5 退 1

下一步伏车 2 平 4 杀，黑胜。

选自 2006 年全国象棋甲级联赛许文学—刘殿中实战对局。

第 303 局　　老骥伏枥

着法（黑先胜）：

1. ……	马 8 进 7
2. 帅五平六	车 9 退 3
3. 仕五进六	……

红方另有以下两种走法：

（1）车一平六，车 9 平 4，车六退三，卒 3 平 4，形成马双高卒士象全必胜双兵仕相全的实用残局，黑胜定。

（2）帅六进一，车 9 平 4，仕五进六，卒 3 进 1，仕四进五，卒 3 进 1，帅六退一，车 4 平 2，相五退七，卒 3 进 1，帅六进一，车 2 进 2，绝杀，黑胜。

3. ……	车 9 平 4
4. 仕四进五	卒 3 进 1
5. 车一平三	车 4 平 2

以下红有两种应着：

（1）车三平七，车 2 进 3，帅六进一，车 2 平

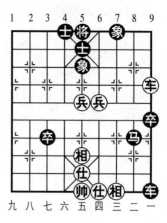

图 303

3,车七退二,卒 3 进 1,车七退三,车 3 退 1,黑得车胜定。

(2)相五退七,车 2 进 3,相三进五,马 7 退 5,帅六平五,车 2 平 3,仕五退六,卒 3 平 4,黑胜定。

选自 2004 年全国象棋个人赛洪智—刘殿中实战对局并添加应着。

第 304 局　车马士巧胜车炮相

着法(黑先胜):

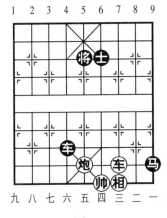

图 304

1. ……	炮 2 进 6
2. 相五退七	炮 1 退 1
3. 帅五进一	车 4 平 5
4. 帅五平四	车 5 平 6
5. 帅四平五	车 6 平 5
6. 帅五平四	车 5 平 7

下一步伏车 7 退 2 杀,黑胜。

选自 1999 年全国象棋个人赛张申宏—刘殿中实战对局并添加续着。

1. ……	车 4 进 2
2. 帅四进一	车 4 平 5!
3. 帅四进一	车 5 平 6
4. 炮五平四	马 9 进 7!
4. 车三退一	车 6 平 7

黑胜。

选自 2001 年第 1 届 BGN 世界象棋挑战赛张强—刘殿中实战对局。

第 305 局　痛快淋漓

着法(黑先胜):

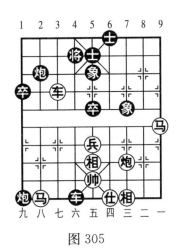

图 305

第306局　精卫填海

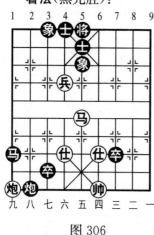

图306

着法（黑先胜）：

1. ……　　　卒7进1

2. 帅四平五　卒3进1

3. 帅五进一　炮2退1

下一步伏马1进3杀,黑胜。

选自1996年全国象棋个人赛郑乃东—刘殿中实战对局。

第307局　满城风雨

着法（黑先胜）：

1. ……　　　士5进6!

上士做杀,妙手!

以下红有两种应着:

(1)帅五平六,车3平4,仕五进六,炮2平4,车四平五(红如改走仕四进五,则车4平1,帅六平五,车1进3杀,黑胜),车4平5,仕六退五,车5进1,黑胜定。

(2)车四平五,炮3平5,帅五平六,车3平4,仕五进六,马6进4,仕四进五,马4进2,帅六平五,车4进3杀,黑胜。

选自1996年全国象棋团体赛于幼华—刘殿中实战对局并添加应着。

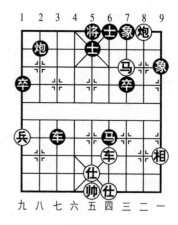

图307

第 308 局　塞翁失马

着法(黑先胜)：

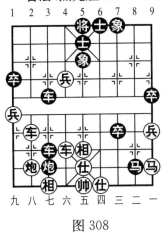

图 308

1.……	马 8 退 6!
2. 帅五平六	炮 3 平 9
3. 车六平七	炮 9 进 1
4. 帅六进一	车 3 进 3
5. 仕五进四	卒 7 进 1
6. 仕四进五	车 3 进 1
7. 帅六退一	……

红如改走帅六进一，则炮 9 退 1 做杀，仕五退四，炮 9 平 2，黑得炮胜定。

7.……	卒 7 进 1
8. 帅六平五	卒 7 进 1
9. 仕五退四	车 3 平 6!

下一步伏卒 7 平 6 杀，黑胜。

选自 1986 年全国象棋团体赛郭长顺—刘殿中实战对局并添加续着。

第 309 局　横行霸道

着法(黑先胜)：

1.…… 马 3 进 4

2. 马四退五 ……

红如改走仕四进五，则马 4 退 5，帅四进一，炮 2 退 1，红炮二平六，车 4 退 2，相七退五，车 4 退 2，黑胜定。

2.…… 马 4 退 5

3. 帅四进一 车 4 退 2

4. 相七退五 马 5 退 7

5. 车一平三 车 4 退 1!

捉死车，黑胜。

选自 1984 年全国象棋团体赛郑鑫海—刘殿中实战对局。

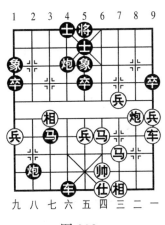

图 309

第 14 章 河北胡明残杀名局赏析

第 310 局 震撼人心

着法(红先胜):

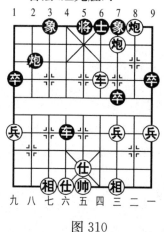

图 310

1. 车四进三 将 5 进 1
2. 炮二退一 将 5 进 1
3. 车四平七 炮 2 进 3
4. 车七退二 车 4 退 4
5. 车七退三 炮 2 进 4
6. 车七平五 将 5 平 6
7. 车五平四 将 6 平 5
8. 帅五平四!

下一步伏车四进三杀,红胜。

红方另有一种简洁的攻法如下:

车四进三,将 5 进 1,车四平五,将 5 平 6,炮二退一,将 6 进 1,仕五进六! 炮 2 退 1,车五平四,炮 2 平 6,车四退一杀,红胜。

选自 2006 年全国象棋团体赛胡明—唐冬梅实战对局并增加攻法。

第 311 局 争长论短

着法(红先胜):

1. 马四进三 将 5 平 4
2. 炮八平六 炮 5 平 4
3. 车二平七 车 2 退 4
4. 车七进一! 马 3 退 5

黑如改走将 4 进 1,则兵六平五,炮 4 平 5,兵五进一,象 5 退 7,车七平六!

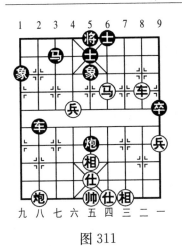

图 311

将 4 进 1,兵五平六杀,红胜。

5.马三退五　车 2 平 1

6.兵六平五

黑如接走炮 4 平 5,则车七平六,车 1 平 4,兵五平四,象 1 进 3,车六退一,下一步伏炮六进八打车,红胜定。

选自 2006 年全国象棋团体赛胡明—赵冬实战对局。

第 312 局　指东打西

着法(红先胜):

1.马二进四!……

弃马叫将,入局要着!

1.……　　将 5 平 4

黑如改走士 5 进 6 吃马,则车八平六吃车,红胜定。

2.兵七进一!　车 4 进 2

3.车八进二　将 4 进 1

黑如改走象 1 退 3,则兵七进一!下一步伏车八平七杀,红胜。

4.兵七进一!　将 4 进 1

5.车八退二

绝杀,红胜。

选自 1984 年全国象棋团体赛胡明—廖逸群实战对局并改编。

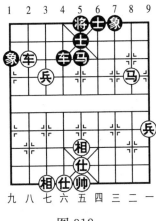

图 312

第313局　志在四方

着法（黑先胜）：

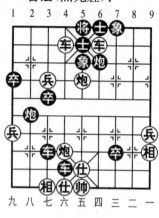

图313

1.……　　　炮2平3

2.相七进九　车3平1

3.帅五平四　卒7平6

4.车四退一　炮3进4

绝杀，黑胜。

选自2009年全国象棋团体赛刘欢—胡明实战对局。

第314局　周而复始

着法（黑先胜）：

1.……　　　马4进3

2.车六退三　马3退4

3.车六平八　车5平8

4.马四退三　马4进6！

5.仕五进四　马5进4！

黑必可得车，红认负。

选自2005年第1届"威凯房地产杯"全国象棋排名赛申鹏—胡明实战对局。

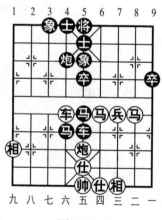

图314

第 315 局　三车闹仕

着法(黑先胜):

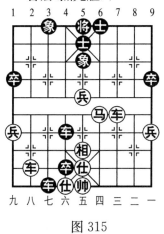

图 315

1. ……　　　　　卒 4 进 1

2. 仕五退六　　……

红如改走帅五平四,则车 4 平 6,仕五进四,车 6 进 1,车八平四,卒 4 平 5 杀,黑胜。

2. ……　　　　　车 4 进 3

3. 帅五进一　　车 4 平 5

4. 帅五平四　　车 5 平 6

5. 帅四平五　　车 3 平 5

6. 帅五平六　　车 6 退 1

7. 帅六进一　　车 5 平 4

8. 车八平六　　车 4 退 1

连将杀,黑胜。

选自 2002 年"西湖杯"全国象棋精英赛张国凤—胡明实战对局。

第 15 章 河北尤颖钦残杀名局赏析

第 316 局 折戟沉沙

着法(红先胜):

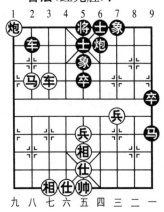

图 316

钦—董波实战对局。

1. 车七进三 士 5 退 4

2. 车七退一 士 4 进 5

黑如改走车 2 退 1,则车七平四,车 2 平 1,马八进七,绝杀,红胜。

3. 马八进六! 将 5 平 4

黑如改走士 5 进 4 吃马,则车七平八,红得车胜定。

4. 车七进一 将 4 进 1

5. 马六进八

下一步炮九退一杀,红胜。

选自 2009 年第 1 届全国智力运动会象棋赛尤颖

第 317 局 坐以待毙

着法(红先胜):

1. 炮五平四 将 6 进 1

2. 车四进一! 将 6 进 1

3. 炮三平四

绝杀,红胜。

选自 2002 年第 13 届"银荔杯"象棋争霸赛尤颖钦—文静实战对局。

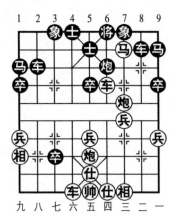

图 317

第 318 局　千里迢迢

着法（红先胜）：

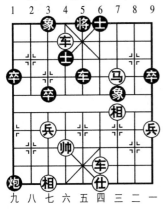

图 318

1. 车四进八！　将 5 平 6
2. 车六进一　　车 5 退 3
3. 马三进二　　将 6 进 1
4. 车六平五

红得车胜。

选自 1996 年全国象棋团体赛尤颖钦—王琳娜实战对局，并添加续着。

第三篇　华东特级大师残杀名局赏析

（除上海、浙江外）

第 16 章　江苏徐天红残杀名局赏析

第 319 局　深思熟虑

着法（红先胜）：

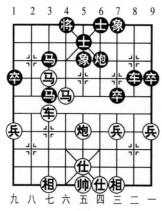

图 319

1. 车七进一！　象 5 进 3

2. 马六进七　　将 4 进 1

3. 前马退五！　将 4 退 1

4. 马七进八　　将 4 平 5

5. 马八退六！　将 5 平 4

6. 炮五平六

绝杀，红胜。

选自 1996 年全国象棋个人赛徐天红—宗永生实战对局并添加续着。

第 320 局　煞费苦心

着法（红先胜）：

1. 马六进五！　将 5 平 4

2. 炮三平六　　炮 4 平 2

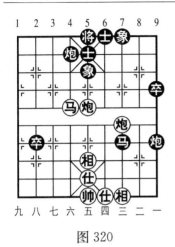

图 320

黑如改走将 4 平 5,则马五进三双将杀,红胜。

　　3. 炮五平六　　将 4 平 5

　　4. 马五进七

绝杀,红胜。

　　选自 2000 年第 11 届"银荔杯"象棋争霸赛徐天红—陶汉明实战对局并添加续着。

第 321 局　　中路进兵

着法(红先胜):

1. 兵五进一　　将 4 退 1

2. 车九进五　　将 4 进 1

3. 车九退一　　将 4 退 1

4. 兵五平六　　将 4 平 5

5. 兵六进一　　士 6 进 5

6. 车九进一　　士 5 退 4

7. 车九平六

绝杀,红胜。

　　选自 1999 年"红牛杯"象棋电视快棋赛徐天红—吕钦实战对局并添加续着。

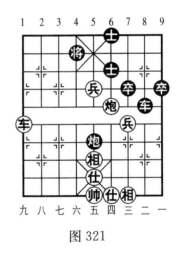

图 321

第 322 局　　生擒活捉

着法(红先胜):

1. 马七退六　　炮 4 进 1

黑另有两种应着:

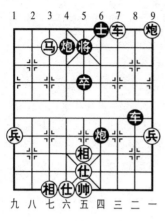

图 322

徐天红—许银川实战对局。

（1）将 5 进 1，车三退二，炮 6 退 4，炮一退二，红大优。

（2）将 5 平 6，车三退三，车 8 退 3，车三平五，红大优。

2. 车三退一　　将 5 进 1

3. 车三退二　　将 5 退 1

4. 车三平五　　将 5 平 4

5. 马六进八　　炮 4 平 3

6. 车五进一！

捉死炮，黑认负。

选自 1993 年第一届"上涌杯"过宫炮棋王邀请赛

第 323 局　　路人皆知

着法（红先胜）：

1. 车二进七　　炮 6 退 2

2. 马四进三　　后马退 5

3. 后马进二　　炮 6 平 7

4. 车二平三！　象 5 退 7

5. 马二进四

绝杀，红胜。

选自 2007 年"家居联盟杯"全国象棋男子双人表演赛徐天红、王斌—张强、蒋川实战对局并添加续着。

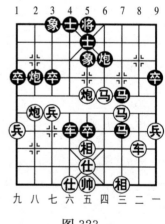

图 323

第 324 局　　涣然冰释

着法（红先胜）：

1. 车七平六　　将 6 进 1

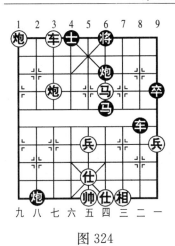

图 324

2. 车六退一　　将 6 退 1

3. 炮七进三　　炮 2 退 9

4. 马四进六　　炮 6 平 5

黑如改走马 6 退 5,则马六进八,伏马八进六杀,红胜定。

5. 车六平五　　车 8 平 4

6. 马六进八!

黑如接走车 4 平 3,则马八进六,车 3 退 5,炮九平七,绝杀,红胜。

选自 2008 年全国象棋甲级联赛徐天红—张申宏实战对局并添加续着。

第 325 局　　金针度劫

着法(红先胜):

1. 车六平三　　将 5 平 4?

黑应改走象 7 进 9,红如接走炮三平五,则车 8 退 6,尚可抵挡。

2. 炮三进八!　象 5 退 7

3. 车三平六　　士 5 进 4

4. 炮五平六!

红平炮伏杀兼伏抽车,黑必丢车,投子认负。

选自 2009 年"蔡伦竹海杯"全国象棋精英邀请赛徐天红—庄玉庭实战对局。

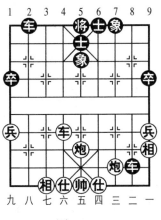

图 325

第326局　底线攻击

着法(红先胜)：

1. 兵四进一！……

以下黑有三种应着：

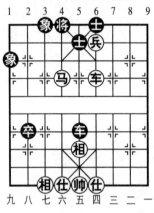

图 326

(1)实战应着：士5退6，马六进四！车5平4，车四平五，车4进3，帅五进一，象3进5，车五进一，将4进1，车五进二！将4进1，马四退五，将4退1，马五进七，将4进1，车五平六，绝杀，红胜。

(2)将4进1，马六进八，将4进1，马八退九！车5平4，马九进七，车4进3，帅五进一，卒2平3，车四平五！士5退6，车五进三，红胜。

(3)车5平4，车四进二！士5退6(黑如士5进4，则马六进八！红胜定；黑又如将4进1，则车四平五，将4进1，马六退七，红胜定；黑又如车4退3吃马，则车四平五，红胜)，车四进一，将4进1，马六进四，将4平5，车四平五，将5平6，马四进二，车4平7(黑如车4退4，则马二退三，车4平7，车五平三！捉死车，红胜定)，相五进三！下一步车五退一杀，红胜。

选自2010年第5届"后肖杯"象棋大师精英赛徐天红—刘殿中实战对局并改编。

第327局　功到自成

着法(红先胜)：

1. 帅五平四！士4退5

黑另有两种应着：

(1)炮4平5，马三进四！炮5平6，车二平五，绝杀，红速胜。

(2)卒5平6，车二平五，将5平6，车五平四，将6平5，车四退二，士4退5，车四平五，将5平4，车五平八！将4平5(黑如车3进1，则马三退五！车3平1，马五退七，将4平5，车八平五绝杀，红胜)，马三退四，将5平6，车八平四！车3进3，马四退二！将6平5，马二进三，将5平4，车四平八，车3退2，车八进三！车3平1，马三退五，将4平5，车八平五，将5平4，车五进二，绝杀，红胜。

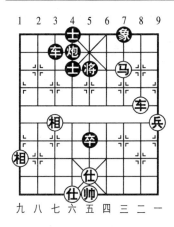

图 327

2. 车二进二　士 5 进 6

3. 马三退四　将 5 退 1

4. 马四进六　炮 4 进 1

5. 车二进一　将 5 退 1

6. 车二平七

红得车胜定。

选自 1985 年"敦煌杯"象棋大师邀请赛徐天红—胡荣华实战对局并添加续着。

第 328 局　横竖不行

着法(红先胜)：

1. 车二平四　车 8 平 6

黑如改走士 5 进 6，则炮七平四，士 6 退 5，马六进四，士 5 进 6，马四进六，士 6 退 5，炮五平四杀，红胜。

2. 车四进七　士 5 进 6

3. 炮七平四　士 6 退 5

4. 马六进四　士 5 进 6

黑如改走将 6 平 5，则马四进三，将 5 平 6，炮五平四，绝杀，红胜。

5. 马四进六　士 6 退 5

6. 炮五平四

连将杀，红胜。

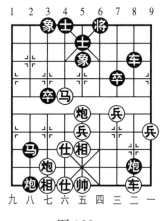

图 328

选自 1999 年第 10 届"银荔杯"象棋争霸赛徐天红—陶汉明实战对局并添加续着。

第 329 局　车炮低兵仕相全巧胜车马双士

着法(红先胜)：

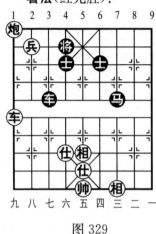

图 329

1. 炮九退一　　将 4 退 1
2. 车九平二　　车 3 平 5
3. 车二平七！

下一步车七进五杀，红胜。

选自 1998 年第 9 届"银荔杯"象棋争霸赛徐天红—柳大华实战对局并添加续着。

第 330 局　车马仕相全巧胜车炮卒士

着法(红先胜)：

1. 马五进七！将 5 进 1

黑如改走车 6 平 3 吃马，则车三进二，将 5 进 1，车三退一，将 5 退 1，车三平七，红得车胜定。

2. 马七退六！……

以下黑有两种应着：

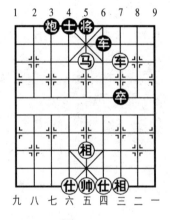

图 330

(1)将 5 退 1，车三进二，车 6 退 1，马六进七，将 5 进 1，车三退一，车 6 进 1，马七退六，将 5 退 1，车三平四，红得车胜。

(2)将 5 平 4，相五退七！士 4 进 5(黑如炮 3 进 3，则马六进四，将 4 进 1，马四退五，将 4 退 1，马五进七杀，红胜)，马六进八，将 4 退 1，车三平七，下一步车七进二杀，红胜。

选自 1997 年全国象棋团体赛徐天红—蒋全胜实战对局并添加应着。

第 331 局　大功毕成

着法(红先胜)：

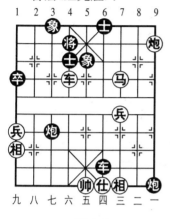

图 331

战对局并添加应着。

1. 车六平七　炮 3 平 7

2. 马三进二　士 6 进 5

3. 炮一进一! ……

以下黑有三种应着：

(1) 车 6 平 9,马二进四! 士 5 退 6,车七进二杀,红胜。

(2) 士 5 进 6,马二进四,将 4 平 5,车七进二杀,红胜。

(3) 将 4 退 1,马二进四! 象 5 退 7,车七进三杀,红胜。

选自 1990 年全国象棋团体赛徐天红—何连生实

第 332 局　回马金枪

着法(红先胜)：

1. 马二退四　炮 6 进 1

黑如误走车 9 平 6,则车八平五杀,红速胜。

2. 车八平五　将 5 平 6

3. 车五平六! 将 6 平 5

4. 车六进二　将 5 进 1

5. 车六平五

绝杀,红胜。

选自 1990 年第 10 届"五羊杯"全国象棋冠军邀请赛徐天红—李来群实战对局。

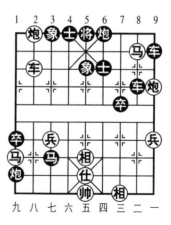

图 332

第333局　达人知命

着法（红先胜）：

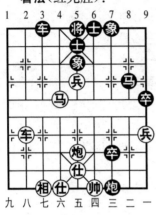

图333

1. 兵五进一！　象7进5

以下红有两种攻法：

（1）马六进八，车3进2，马八进九！车3平4，车八进六，车4退2，马九退八！车4平2，马八进六，将5平4，炮五平六，绝杀，红胜。

（2）马六进五，马8退6，车八平六，马6进5，车六进二捉死马，红胜定。

选自1989年全国象棋团体赛徐天红—冯明光实战对局并添加攻法。

第334局　一跃凤生

着法（黑先胜）：

1. ……　　　卒7平6！

2. 马八退九　　马7进8！

3. 车四平六　　马8进6

4. 帅五进一　　车9进1

5. 帅五进一　　马6进8！

6. 帅五平六　　马8进6

7. 马九进八　　车9退1

8. 相七进五　　车9平5

绝杀，黑胜。

选自1997年李智屏—徐天红实战对局。

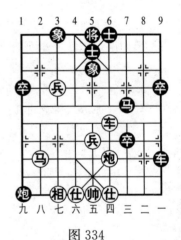

图334

第 335 局 浮光掠影

着法（黑先胜）：

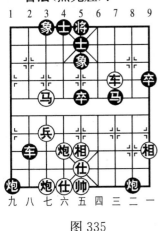

图 335

1. ……　　　炮 8 平 4

2. 炮六退一　车 2 进 2

以下红有三种应着：

(1) 炮七平九，炮 4 平 1，炮六退一，车 2 退 5，相五退七，炮 1 平 4，黑得子胜定。

(2) 帅五平四，炮 1 平 3，帅四进一，炮 3 退 5，黑得子胜定。

(3) 炮六进五，炮 4 退 1，帅五平六，炮 4 平 2，黑必可得子，胜定。

选自 2004 年全国象棋甲级联赛杨德琪—徐天红实战对局并添加应着。

第 336 局 俯拾即是

着法（黑先胜）：

1. ……　　　车 4 进 9！

2. 仕五退六　车 5 进 1

3. 帅五平四　车 5 进 2

4. 帅四进一　马 3 退 5

5. 帅四进一　马 5 进 4！

6. 炮五退三　车 5 平 6

7. 帅四平五　马 4 退 3

8. 帅五平六　车 6 平 4

9. 炮五平六　车 4 退 1

连将杀，黑胜。

选自 2003 年全国象棋个人赛于幼华—徐天红实战对局。

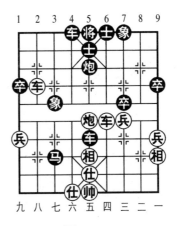

图 336

第 337 局　车炮双士必胜车双相

着法(黑先胜)：

1. …… 　　　车 6 进 1!

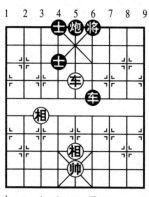

图 337

以下红有两种应着：

(1)帅五平六,车 6 平 4,帅六平五,车 4 平 3,车五退一,车 3 进 3,帅五退一,车 3 退 1,帅五平六,车 3 平 4,帅六平五,车 4 平 5,帅五平六,车 5 平 4 杀,黑胜。

(2)相七退九,士 4 进 5,车五平九,车 6 进 3,帅五退一,炮 5 进 7,黑得相胜定。

选自 1984 年全国象棋团体赛王贵福—徐天红实战对局并添加应着。

第 338 局　莫逆之交

着法(黑先胜)：

1. …… 　　　车 1 平 3!

2. 马七退六 　将 4 平 5

3. 车四退五 　……

红如改走帅五平六,则炮 5 平 4!

以下红有三种应着：

(1)帅六平五,车 3 进 3,炮六退二,炮 4 平 5,车四退五,马 7 进 6!（以下与主变相同）黑胜定。

(2)炮六平九,车 3 进 3,帅六进一,炮 2 退 4,仕五进四,车 3 退 6,黑必可得马胜。

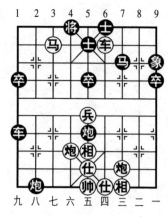

图 338

(3)炮六平八,炮 4 退 2,炮三进一,车 3 平 4,帅六平五,炮 4 平 1,马六进七,车 4 退 5,黑得马胜定。

3. ······　　车 3 进 3

4. 炮六退二　马 7 进 6!

5. 兵五进一　炮 2 平 4!

6. 车四平五　炮 4 退 1

7. 仕五退六　马 6 进 5

黑得车胜定。

选自 2011 年"金顾山杯"全国象棋混双邀请赛蒋川、伍霞 —徐天红、赵冠芳实战对局并添加续着。

第 17 章　江苏王斌残杀名局赏析

第 339 局　车马兵仕相全巧胜车炮双士

着法(红先胜)：

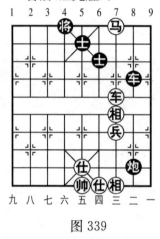

图 339

1. 车三平六　将 4 平 5

2. 车六平一　车 8 退 3?

黑仍应将 5 平 4。

3. 车一平七　将 5 平 6

黑如改走车 8 平 7 吃马，则仕五进六！将 5 平 4，车七进四，将 4 进 1，车七平三，红得车胜定。

4. 马三退四！

破士，红胜定。

选自 2007 年全国象棋甲级联赛王斌—颜成龙实战对局。

第 340 局　棋例纠纷

着法(红先胜)：

1. 车六平七(杀)　车 3 平 4(捉)

2. 车七平六(兑)　车 4 平 3(捉)

3. 车六平七　车 3 平 4

4. 车七平六　车 4 平 3

……

双方发生棋例纠纷。

红车六平七是"捉兼杀"，因为黑不敢吃车，否则被红车八进九，车 3 退 2，车八平七连将杀，红车七平六为同兵种兑子，是"闲"；红方为"一打一闲"。黑车 3

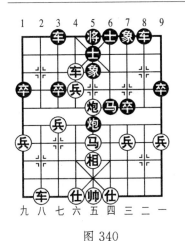

图 340

平 4 捉兵，是"捉"，黑车 4 平 3 造成马捉马，也是"捉"，黑方为"两打"。裁决结果:黑方"两打"对红"一打一闲"，由黑方汪洋变招。黑"两打"产生的情况车 3 平 4 捉兵比较明显，而车 4 平 3 后产生的马捉马，是因为这是刚产生的"捉"，此时红马已经脱根，如果红炮护马的话，红车就会被黑士吃去，所以红马是假根子，这是上一着不存在的"捉"。

4. ……　　　车 4 平 3

5. 车六平七　将 5 平 4

黑方只好变招。

6. 兵六进一　车 3 进 2

7. 兵六平七　车 8 进 7

8. 前兵进一　象 5 退 3

9. 车八进八

红胜。

选自 2010 年全国象棋个人赛王斌—汪洋实战对局。

第 341 局　岌岌可危

着法(红先胜):

1. 兵六进一　将 5 进 1

黑方另有两种应着:

(1) 将 5 平 6,炮五平四,炮 6 平 1(黑如炮 6 平 5,则车六进二,红胜势),炮四退三,卒 7 进 1,车六平四,炮 1 平 6,车四平三,车 5 平 6,车三进二,车 6 进 2,马三进二,将 6 退 1,车三进三,将 6 进 1,车三平六,绝杀,红胜。

(2) 将 5 退 1,车六进三,车 5 退 1,车六平四,车 5 平 4(黑如士 4 进 5,兵六进一! 士 5 退 4,车四进二杀,红胜),帅六平五,士 4 进 5,兵六平五! 将 5 进 1,车四平六叫将抽车,红胜定。

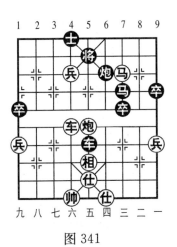

图 341

2. 炮五平二！ 士 4 进 5

3. 炮二进五！ 士 5 退 6

黑方另有两种应着：

(1)炮 6 退 2，马三进四！ 士 5 退 6，车六进三杀，红胜。

(2)炮 6 退 1，炮二平五，将 5 平 6，炮五退六，红得车胜定。

4. 车六进三！ 炮 6 平 4

5. 炮二退二

绝杀，红胜。

选自 2004 年第 15 届"银荔杯"象棋争霸赛王斌—苗永鹏实战对局并添加续着。

第 342 局　回光返照

着法(红先胜)：

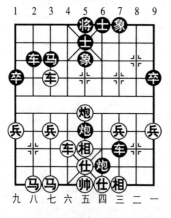

图 342

1. 帅五平六！ 马 3 进 5

黑方另有两种应着：

(1)炮 6 退 6，车七进一！ 车 2 退 2，车七退一，车 7 退 1，车七平六，炮 5 平 4，后车进一，车 7 平 4，车六退三，红胜定。

(2)车 7 退 1，车七进一！ 炮 5 平 4，车六平八！ 车 2 平 3，车八进七，炮 4 退 6，车八平六杀，红胜。

2. 车七进三！ 象 5 退 3

3. 车六进七

绝杀，红胜。

选自 2003 年"椰树杯"象棋超级排位赛王斌—董旭彬实战对局并添加续着。

第 343 局　狂风暴雨

着法(红先胜)：

1. 车八平七！ 炮 3 平 4

2. 车七平五！ 炮 4 平 3

3. 车五平七　炮 3 平 4

4. 炮七平八！ 车 5 平 2

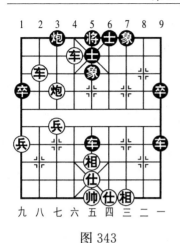

图 343

5.炮八平五　士 5 进 4

黑如改走象 7 进 5,则车七平五,下一步车五进一杀,红胜。

6.车七进二

下一步车七平六杀,红胜。

选自 1999 年全国象棋团体赛王斌—聂铁文实战对局。

第 344 局　心知肚明

着法(红先胜):

1.车六进一　士 6 退 5

黑如改走将 6 退 1,则车六进一,将 6 进 1,炮八进二,士 6 退 5,车六退三,下一步车六平四杀,红胜。

2.车六平五!　将 6 退 1

3.车五进一　将 6 进 1

4.炮八进二　将 6 进 1

5.车五平四

连将杀,红胜。

选自 2010 年第二届长三角中国象棋精英赛王斌—胡智平实战对局并添加续着。

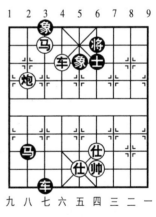

图 344

第345局　麻姑献寿

着法（黑先胜）：

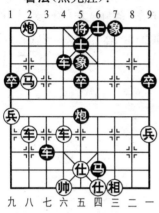

图 345

1. ……　　　车 3 平 4!
2. 车六退一　车 4 进 5

连将杀，黑胜。

选自 2011 年全国象棋甲级联赛王瑞祥—王斌实战对局并添加续着。

第346局　漫天彻地

着法（黑先胜）：

1. ……　　　马 6 进 4!
2. 兵四平五　马 4 进 6!
3. 车四退三　马 6 进 7
4. 马一退二　马 7 退 8
5. 炮三退四　马 8 退 6

黑得车胜定。

选自 2009 年全国象棋甲级联赛李鸿嘉—王斌实战对局并添加续着。

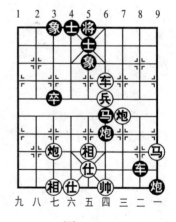

图 346

第 347 局 破胆寒心

着法(黑先胜):

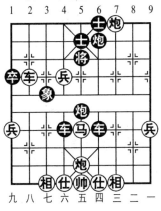

图 347

1. ······	车 6 进 3!
2. 帅五平四	车 4 进 3
3. 炮五退一	车 4 平 5
4. 帅四进一	士 5 进 6

连将杀,黑胜。

选自 2006 年全国象棋甲级联赛赵国荣—王斌实战对局并添加续着。

2. 马三进五	车 4 平 5!
3. 帅五平六	车 5 进 1
4. 帅六进一	车 8 退 1
5. 马五退四	······

献马,无奈之着,红如改走帅六进一,则车 5 平 4,马五退六,车 4 退 1,帅六平五,车 8 退 1 绝杀,黑胜。

5. ······	车 8 平 6
6. 帅六进一	车 5 平 4
7. 帅六平五	车 4 平 6

红见大势已去,投子认负。

第 348 局 如梦初醒

着法(黑先胜):

1. ······	后炮进 5!

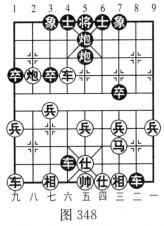

图 348

选自 2005 年浙江省"三环杯"象棋公开赛俞云涛—王斌实战对局,本局黑方仅用 21 个回合就取胜,着法精巧实用,全局详见《屏风马横车名局精解》第 2 局。

第 349 局 车马卒单缺象巧胜车炮兵双仕

着法(黑先胜):

1. ······	车 3 退 1

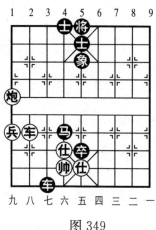

图 349

2. 帅六退一　　卒 5 平 4！

以下红有两种应着结果均负：

(1) 仕五进六，马 4 进 6，下一步车 3 进 1 或车 3 平 4 杀，黑胜。

(2) 帅六平五，车 3 进 1，仕五退六，卒 4 进 1，帅五平四，车 3 平 4，帅四进一，卒 4 平 5，绝杀，黑胜。

选自 2004 年"奇声电子杯"象棋超级排位赛柳大华—王斌实战对局并添加应着。

第 350 局　　落子过快

着法（黑先胜）：

1. ……　　　　马 8 进 7

2. 帅四进一？……

红应改走帅四平五，黑如接走象 5 退 3，则车六平八！车 2 平 6，车八进一，将 5 进 1，帅五平六，车 6 平 5，兵九平八，将 5 平 6，车八平三，马 7 进 5，车三退一，将 6 退 1，兵八进一，红胜定。

2. ……　　　　车 2 退 4

3. 仕五进六　……

红如改走仕五退六，则车 2 平 8！帅四平五，车 8 平 5，帅五平四，象 5 进 7！车六平二，卒 9 平 8，仕六进五（红如仕四退五，则车 5 平 6，仕五进四，马 7 进 8，帅四退一，车 6 进 4，黑胜），车 5 平 9，下一步车 9 进 5 杀，黑胜。

3. ……　　　　象 5 进 7

4. 仕六退五　　车 2 平 8

下一步车 8 进 5 杀，黑胜。

选自 1999 年全国象棋团体赛金波—王斌实战对局并加以改编。

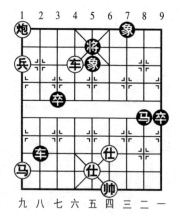

图 350

第18章　江苏张国凤残杀名局赏析

第351局　炮马相连

着法(红先胜):

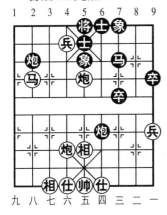

图351

1. 兵六进一！　将5平4

2. 马八进六　炮6平4

3. 炮五平六

连将杀,红胜。

选自2007年全国象棋个人赛张国凤—张梅实战对局。

着法(红先胜):

1. 车六退一　士6进5

2. 马六进四　马7进6

3. 车六平五　将6进1

4. 马四进二　马6退7

5. 炮九退二！象5进3

6. 马二退三

连将杀,红胜。

选自2005年浙江省"三环杯"象棋公开赛张国凤—侯哲军实战对局。

第352局　腾云驾雾

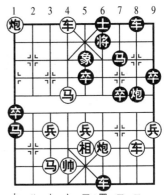

图352

第 353 局 套头裹脑

着法(红先胜)：

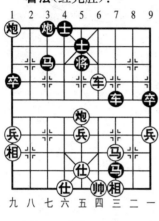

图 353

1. 马三进四　马 3 进 2
2. 马四进五　将 5 平 4
3. 车四退四　车 7 平 4
4. 炮九平六！

黑如接走士 5 退 4 吃炮,则车四进五杀,红胜。

选自 2000 年全国象棋个人赛张国凤—常婉华实战对局。

第 354 局 日薄西山

着法(黑先胜)：

1. ······　　车 2 平 4
2. 帅六平五　马 5 进 7
3. 仕五进四　马 7 退 6

连将杀,黑胜。

选自 2008 年第 1 届世界智力运动会孔令仪—张国凤实战对局。

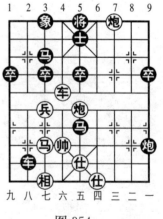

图 354

第 355 局　胜负已分

着法（黑先胜）：

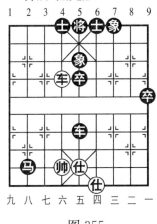

图 355

1. ……	车 5 平 3
2. 车六进三	将 5 进 1
3. 车六平八	车 3 进 2
4. 帅六退一	车 3 进 1
5. 帅六进一	马 2 退 3
6. 帅六进一	车 3 退 2
7. 帅六退一	车 3 进 1
8. 帅六退一	车 3 进 1

绝杀，黑胜。

选自 2008 年第 1 届世界智力运动会杨丽可—张国凤实战对局。

第 356 局　星月交辉

着法（黑先胜）：

1. ……	马 4 进 3
2. 帅五平四	炮 5 平 6
3. 帅四进一	……

红如改走炮四退一，则马 7 进 6，仕五进四，车 6 进 1，炮九退一，马 6 进 7，下一步车 6 进 1 杀，黑胜。

3. ……	车 6 进 1!
4. 帅四进一	马 7 进 6

绝杀，黑胜。

选自 2002 年第 12 届亚洲象棋锦标赛苏盈盈—张国凤实战对局并添加续着。

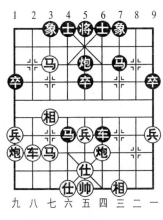

图 356

第 357 局　马炮双卒士象全巧胜双炮兵仕相全

着法(黑先胜)：

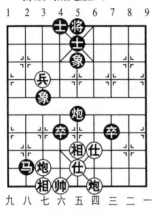

图 357

1. ……	卒 4 平 3
2. 帅六平五	卒 3 进 1
3. 炮七平六	卒 3 平 4
4. 炮六平七	卒 4 进 1
5. 炮七进一	卒 4 平 5!
6. 仕四退五	马 2 退 4
7. 帅五平六	炮 5 平 4

绝杀,黑胜。

选自 2008 年全国象棋个人赛周章筱—张国凤实战对局并添加续着。

第 358 局　信笔涂鸦

着法(黑先胜)：

1. ……　　　卒 3 进 1!

2. 车八平七　……

红如改走车八进一,则车 8 平 5,车八退五,车 4 平 3,兵七进一,车 5 平 4,黑得子大优。

2. ……　　　炮 2 进 5

3. 仕五进六　车 4 进 4

下一步车 4 进 2,帅五进一,车 8 进 3,黑胜。

选自 2009 年全国象棋个人赛王晴—张国凤实战对局。

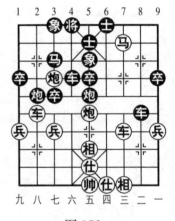

图 358

第 19 章 江苏伍霞残杀名局赏析

第 359 局 言必有中

着法(红先胜)：

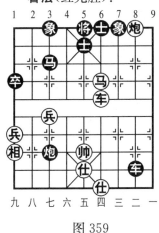

图 359

1. 马四退二！ 车 8 平 7   2. 车四进四

绝杀，红胜。

选自 2000 年第 11 届"银荔杯"象棋争霸赛伍霞—高懿屏实战对局。

第 360 局 循循善诱

着法(红先胜)：

1. 马二进三   车 6 退 8

2. 车八平四！车 6 平 7

3. 帅五平四！

下一步车四进六杀，红胜。

选自 2002 年全国象棋团体赛伍霞—阎超慧实战对局并添加续着。

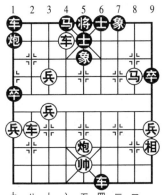

图 360

第361局 探囊取物

着法(红先胜)：

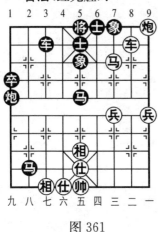

图361

1. 马三进四！ 象5进7

黑如改走车3平1,则炮一退一！车1进1,马四退三,象5进7,车二平五,将5平4,炮一进一,象7进9,马三进四,象9退7,车五平八,将4平5,马四退三,象7进5,车八进一,象5退3,车八平七,绝杀,红胜。

2. 马四退三 象7进5

黑如改走士5退6,则车二平七得车,红胜定。

3. 车二进一 象5退7

4. 车二平三 士5退6

5. 车三平四

绝杀,红胜。

选自1998年全国象棋个人赛伍霞—朱伟频实战对局并添加续着。

第362局 探底回升

着法(红先胜)：

1. 炮一平三！ 将5平6

2. 炮二进七 将6进1

3. 车三进一 将6进1

4. 兵三进一 象5退7

5. 兵三进一 将6平5

6. 炮二退二 士5进6

7. 车三平四 将5平4

8. 兵三平四

绝杀,红胜。

选自1995年全国象棋个人赛伍霞—文静实战对局并改编。

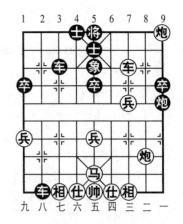

图362

第 363 局　　车低兵仕相全巧胜车卒士

着法(红先胜)：

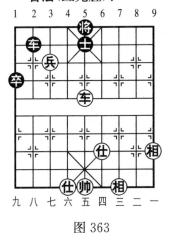

图 363

1. 兵七平六　　将 5 平 4

黑如改走将 5 平 6,则兵六平五,士 5 退 4,车五平三,车 2 进 1(黑如车 2 平 8,则车三进四,将 6 进 1,车三平六,车 8 进 1,兵五进一,将 6 进 1,车六退二杀,红胜),车三进四,将 6 进 1,车三退二!将 6 退 1,兵五平四,红胜。

2. 车五平二!　士 5 退 6

3. 车二平七!　车 2 退 1

4. 兵六进一!　将 4 进 1

5. 车七平六

绝杀,红胜。

选自 2008 年全国象棋个人赛伍霞—林琴思实战对局并添加续着。

第 364 局　　同室操戈

着法(黑先胜)：

1. ……　　　　马 1 进 3

2. 帅五进一　　将 5 平 4

下一步车 4 进 5,帅五退一,车 4 平 6 杀,黑胜。

选自 2010 年第 2 届"茅山杯"全国象棋冠军邀请赛张国凤—伍霞实战对局。

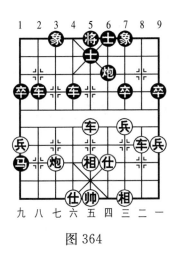

图 364

第 365 局　进退有度

着法（黑先胜）：

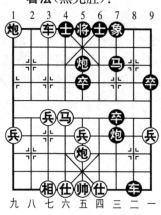

图 365

1. ……　　　炮 7 进 3

2. 仕四进五　炮 7 退 2!

3. 仕五退四　炮 5 进 4

4. 炮五平四　车 8 退 1!

下一步炮 7 进 2 杀，黑胜。

　选自 2010 年第 2 届"茅山杯"全国象棋冠军邀请赛党国蕾—伍霞实战对局。

第 366 局　弃子引离

着法（黑先胜）：

1. ……　　　卒 4 进 1!

2. 帅五平六　车 7 平 4

3. 帅六平五　炮 7 进 9

连将杀，黑胜。

选自 2002 年全国象棋个人赛常婉华—伍霞实战对局并添加续着。

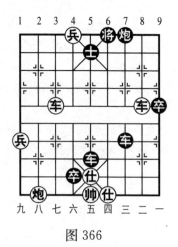

图 366

第 367 局　擒贼擒王

着法（黑先胜）：

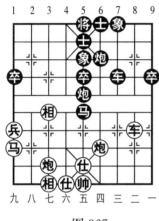

图 367

1. ……　　　　车 7 进 6

2. 炮四退二　车 7 平 6！

3. 帅五平四　马 5 进 6

4. 车二平四　马 6 进 8

双将杀，黑胜。

选自 1996 年"铁力杯"中国象棋女子八强赛刚秋英—伍霞实战对局并添加续着。

第 368 局　弹冠相庆

着法（黑先胜）：

1. ……　　　　马 6 进 5！

2. 仕六进五　……

红如改走炮九平五，则车 6 进 6，帅五进一，马 5 进 3，帅五平六，车 6 平 4 杀，黑胜。

2. ……　　　　车 6 进 6

绝杀，黑胜。

选自 1995 年全国象棋团体赛单霞丽—伍霞实战对局。

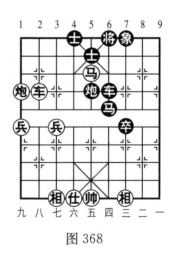

图 368

第20章　江苏黄薇残杀名局赏析

第369局　探骊得珠

着法(红先胜)：

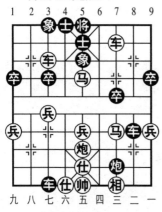

图369

1. 马五进三　车8平7
2. 炮五进五！象3进5
3. 车七平五　车7平6
4. 车三进一　车6退6
5. 车三平四

绝杀，红胜。

选自2002年第2届全国体育大会象棋赛黄薇—王利红实战对局并添加续着。

第370局　舍车得马

着法(红先胜)：

1. 车七平六！将5平4
2. 车二平四　车5退1
3. 车四退六　车5平8
4. 马七进五　将4进1

黑如改走将4平5,则马五进七,将5进1,车四进五,绝杀,红胜。

5. 车四进五　将4进1
6. 马五进四

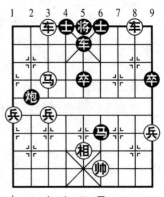

图370

下一步车四退一或车四平六杀,红胜。

选自 1997 年全国象棋团体赛黄薇—黎德玲实战对局并添加续着。

第 371 局　回眸一笑

着法(黑先胜):

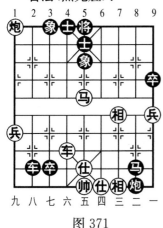

图 371

1. ……　　　　卒 3 平 4

2. 仕五退六　　马 8 退 6!

3. 车六平四　　车 2 进 1

4. 炮九平六　　士 5 退 4

下一步车 2 平 4 杀,黑胜。

选自 1997 年全国象棋个人赛章文彤—黄薇实战对局。

第 372 局　隔靴搔痒

着法(黑先胜):

1. ……　　　　车 8 进 4

2. 车四退六　　马 7 进 8!

3. 车四平二　　……

红如改走马七退五,则车 8 平 6,帅五平四,车 5 平 1,红双车尽失,黑胜定。

3. ……　　　　马 8 进 7

4. 帅五平四　　车 5 平 6

5. 仕五进四　　车 6 进 1

绝杀,黑胜。

选自 1998 年第 9 届"银荔杯"象棋争霸赛高华—黄薇实战对局并改编。

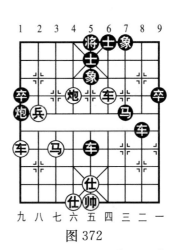

图 372

第 21 章　福建郑一泓残杀名局赏析

第 373 局　　龙象大战

着法(红先胜)：

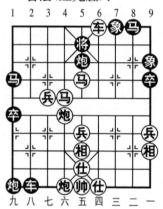

图 373

献马叫杀,妙手!

1.……　　　　炮 4 退 3

2.车五进三　将 4 退 1

3.车五进一　将 4 进 1

4.车五平七!

捉死车,红胜。

选自 2007 年全国象棋甲级联赛郑一泓—张晓平实战对局。

1. 马六进四　炮 5 平 6

2. 前炮平五　象 7 进 5

3. 马五进七　将 5 平 4

4. 车四平六

连将杀,红胜。

选自 2010 年第 4 届全国体育大会郑一泓—张国伟实战对局。

第 374 局　　一叶障目

着法(红先胜)：

1. 马六进七!……

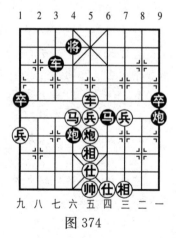

图 374

第 375 局　占领高地

着法(红先胜)：

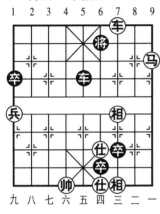

图 375

3. 车三进一　将 6 进 1

4. 马一退三

叫将抽车，红胜定。

选自 1999 年全国象棋个人赛郑一泓—董旭彬实战对局并添加续着。

1. 车三退三！……

红此着也可改走马一进二，黑如接走车 5 平 8，则车三退一，将 4 退 1，马二退三，车 8 平 7，车三进一，将 6 进 1，车三平四，绝杀，红胜。

1. ……　　　　车 5 退 1

黑如改走车 5 进 2，红则车三进二，将 6 退 1，马一进二，将 6 平 5(黑如车 5 平 1，则车三进一，将 6 进 1，车三平六！将 6 平 5，马二退三，将 5 平 6，车六平四杀，红胜)，车三进一，将 5 进 1，马二退三，将 5 进 1，车三平五，将 5 平 6，车五退五，红得车胜定。

2. 车三进二　将 6 退 1

第 376 局　壮志凌云

着法(红先胜)：

1. 车九进二！……

进车捉炮，妙手！

1. ……　　　　炮 7 平 5

黑如改走象 7 进 5，则兵六平五，士 5 进 4(黑如车 4 平 5，则车九平六！将 4 进 1，兵五平六杀，红速胜)，兵五进一，将 4 退 1，车九进二，将 4 进 1，车九平四，炮 7 进 1，车四退一，将 4 退 1，兵五进一，下一步车四进一杀，红胜。

2. 兵六进一！士 5 进 4

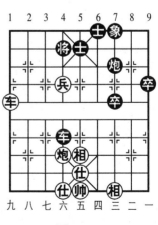

图 376

3. 车九平六　将4平5

4. 车六退四

红得车胜。

选自1999年全国象棋个人赛郑一泓—洪智实战对局并添加续着。

第377局　鼓　浪　屿

着法(红先胜)：

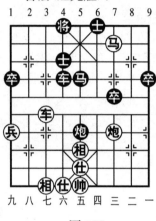

图 377

1. 车七进五　将4进1

2. 车七退一　将4退1

3. 炮三平二　马5退7

4. 炮二进五！　士6进5

黑如改走炮5退5,红则马三退五! 下一步车七进一杀,黑无解。

5. 车七进一　将4进1

6. 马三退五　士5进6

7. 车七退一

绝杀,红胜。

选自1999年全国象棋个人赛郑一泓—刘殿中实战对局。

第378局　炮辗丹砂

着法(红先胜)：

1. 炮二平四　士4进5

2. 车八进九　士5退4

3. 炮四平六　象7进9

4. 炮六退二　将5进1

5. 车八退一　将5退1

6. 炮六平一　炮1进1

7. 车八退八　车3平1

8. 相五退七　车1退1

9. 后炮平二

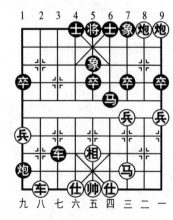

图 378

红胜定。

选自 2011 年"珠晖杯"象棋大师邀请赛郑一泓—雷鹏实战对局并添加续着。

第 379 局　丢小得大

着法(红先胜)：

1. 车八进四　象 5 退 7

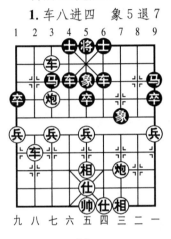

图 379

黑改走象 5 退 3 较好。

2. 炮七平八　车 4 平 5

3. 车八平七！

黑如接走车 5 平 3 吃车，则炮八进三，士 4 进 5，炮三进七，绝杀，红胜。

选自 2011 年全国象棋甲级联赛郑一泓—苗永鹏实战对局。

第 380 局　左缠右绕

着法(红先胜)：

1. 仕五进六　将 4 平 5

2. 马四进六　车 3 进 2

3. 车九进二　炮 3 退 2

4. 马六退八

黑必失子，红胜定。

选自 2008 年"北仑杯"全国象棋大师冠军赛郑一泓—张强实战对局并改编。

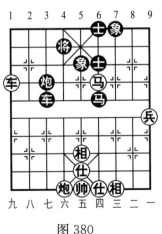

图 380

第381局 可乘之机

着法(红先胜)：

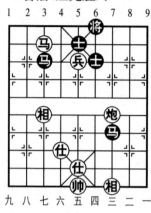

图381

1. 炮三平四　马7退6
2. 兵五平四!……

以下黑有两种应着：

(1) 士5进6,马七退五,将6平5,马五退四,红得马胜。

(2) 马3进5,兵四进一,马5退6,马七退六,将6平5,马六退四,红得马胜。

选自2011年全国象棋甲级联赛郑一泓—王瑞祥实战对局并添加应着。

第382局 笼中之鸟

着法(黑先胜)：

1. ……　　　车5进8!
2. 帅四进一　车5退6
3. 兵六进一　炮8平6
4. 车四退一　士6进5
5. 车四进一　炮6退1
6. 车四退一　车5进4

下一步伏车5平6杀仕抽车的棋,黑胜定。

选自2011年全国象棋甲级联赛程进超—郑一泓实战对局并添加续着。

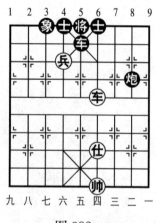

图382

第 383 局 用车如神

着法(黑先胜):

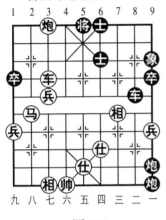

图 383

1. ……	车 8 进 5
2. 仕五退四	车 8 平 6
3. 帅六进一	车 6 退 1
4. 帅六进一	车 6 退 1
5. 相七进五	车 6 进 2
6. 帅六退一	前炮平 8

以下红有两种应着均难解危,变化如下:

(1)马八退七,车 6 退 1,帅六进一,炮 8 退 2,相五退七,车 6 退 1,相七进五,车 6 平 5,帅六退一,炮 8 进 1,帅六退一,车 5 进 2 杀,黑胜。

(2)车七平五,士 6 进 5,马八退七,炮 8 退 1,帅六进一,炮 8 退 1,相五退七,车 6 退 2,帅六退一,炮 8 进 1,帅六退一,车 6 进 2,车五退六,炮 9 进 1 捉死车,黑胜定。

选自 2009 年全国象棋甲级联赛阎文清—郑一泓实战对局并添加应着。

第 384 局 神驹奋蹄

着法(黑先胜):

1. ……	马 5 进 7
2. 帅五平四	炮 9 平 4
3. 炮六退五	车 3 平 4
4. 车二退七	……

红如改走车二退六保仕,黑则象 5 进 3,兵三进一,马 7 退 6,车二平三,车 4 平 7! 黑胜定。

4. ……	马 7 退 5
5. 仕六退五	车 4 进 1
6. 帅四进一	马 5 退 7
7. 帅四进一	马 7 进 8

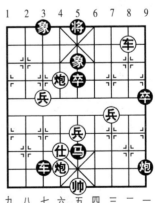

图 384

黑得车胜。

选自2011年广西北流第五届"大地杯"象棋公开赛周旭—郑一泓实战对局并添加续着。

第385局 临危不惧

着法(黑先胜)：

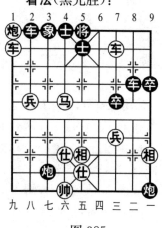

图385

1. ……	车8进6
2. 帅六进一	炮9退1
3. 仕五进四	……

红应改走仕五退四,黑如接走炮3退7,红则车三进一,士5退6,马六进八,炮3平4,车九平六,车2平1,车六平九,车1进1,马八进九,红略优。

3. ……	车8退1
4. 帅六退一	炮3平6

下一步车8进1杀,黑胜。

选自2009年全国象棋甲级联赛陶汉明—郑一泓实战对局。

第386局 革命先驱

着法(黑先胜)：

1. ……	卒7进1!
2. 仕六进五	马7进5!
3. 车五退二	卒7平6
4. 帅五平六	车6退3!

以下红有三种应着：

(1)车五退一,车6平4,车五平六,卒6平5,帅六平五,车4进3,黑得车胜定。

(2)车五平六,马5退3!车六平七(红如帅六进一,则车6进3杀,黑胜),车6平4,黑胜。

(3)帅六进一,车6平3,兵六进一(红如车五进四,则马5退6,黑胜),车3进3,帅六退一,

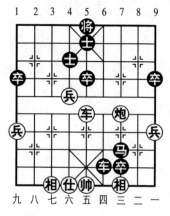

图386

车 3 进 1,帅六进一,车 3 退 1,帅六退一,马 5 退 3,炮三退二, 车 3 平 5,车五平七,卒 6 平 5 杀,黑胜。

选自 2009 年"蔡伦竹海杯"全国象棋精英邀请赛柳大华—郑一泓实战对局并改编。

第 387 局　依依不舍

着法(黑先胜):

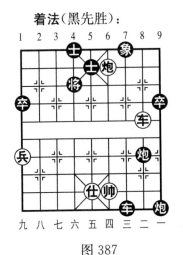

图 387

1. …… 　　车 7 退 1

2. 帅四进一 车 7 退 1

3. 帅四退一 炮 8 进 1!

黑下一步伏连将杀,红只有弃车砍炮,黑胜。

选自 2001 年"九天杯"全国象棋大师冠军赛宗永生—郑一泓实战对局。

第22章　安徽高华残杀名局赏析

第388局　披星戴月

着法(红先胜)：

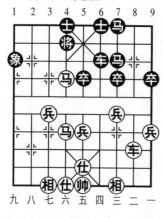

图388

1. 车二平八　士4进5
2. 车八进六　将4退1
3. 车八进一　将4进1
4. 前马进八　将4进1
5. 马六进八　卒5进1
6. 后马进七　车6进1
7. 马八进七!　象1退3
8. 车八退二

绝杀，红胜。

选自1997年全国象棋团体赛高华—郭彦华实战对局并改编。

第389局　解捉还杀

着法(红先胜)：

1. 车七进七　士5退4
2. 马六退四　将5进1

黑如改走车2平6,则车七平六,将5进1,后车进四杀,红速胜。

3. 车六平八!　车2平1
4. 车七平八!

解捉还杀，红必得车胜。

选自1989年全国象棋团体赛高华—单霞丽实战

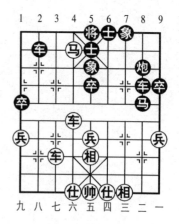

图389

对局。

第 390 局　龙宫借宝

着法(红先胜)：

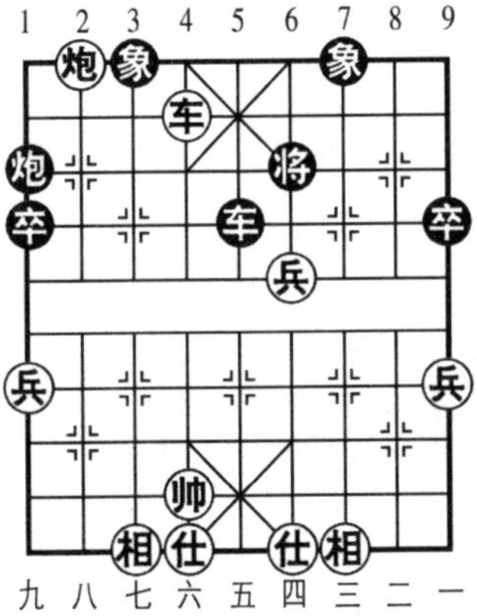

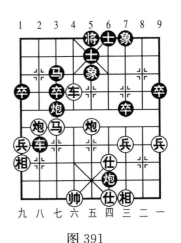

图 390

1. 车六进一　炮 1 退 1

黑如改走将 6 退 1,则车六平四,将 6 平 5,车四平五,将 5 平 6,车五退三,红得车胜定。

2. 车六退二　象 7 进 5

黑如改走车 5 退 1,则兵四进一,将 6 退 1,车六进一,车 5 退 1,兵四进一,将 6 进 1,车六平五,红得车胜定。

3. 炮八退七　将 6 退 1

4. 车六进一　将 6 退 1

5. 车六平九

红得炮胜。

选自 1987 年第六届全国运动会象棋决赛高华—黄子君实战对局。

第 391 局　轻财重义

着法(红先胜)：

1. 马七进五!……

以下黑有三种应着:

⑴车 2 退 1,车六进三!马 3 退 4,马五进六,绝杀,红胜。

⑵马 3 进 5,炮五进二,车 2 进 3,帅六进一,车 2 退 1,帅六进一!炮 6 平 4,车六平七,炮 3 平 4,车七进三,后炮退 4,炮八进五,红伏有车七平六绝杀的棋,黑只有弃车砍炮,红胜定。

⑶象 5 退 3,马五进七,象 7 进 5,车六进二,马 3 进 5,炮五进三,士 5 进 4,炮八平二,马 5 退 7,炮二平五,马 7 进 5,车六退一,象 3 进 5,

图 391

车六平五,士6进5,车五进一,将5平6,车五退二,红大优。

选自1986年全国象棋团体赛高华—胡明实战对局并改编。

第392局　除旧布新

着法(红先胜)：

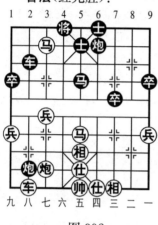

图392

1. 车八平六　车2平4

黑如改走马5退4,则车六进六,红大优。

2. 炮七平六　车4平6

3. 马五进六　士5进4

黑如改走马5进4,则马六进五,马4退3,马七退六叫将抽车,红胜。

4. 马六进五!　士4退5

5. 炮六平七

红胜。

选自1984年全国象棋团体赛高华—方蕊浩实战对局。

第393局　抢占要塞

着法(黑先胜)：

1. ……　　车4进5!

2. 车四退一　车2进6

3. 相九退七　……

红如改走车七退四,则车2平3,相九退七,炮1进4,仕五退六,车4进1,帅五进一,车4退1,绝杀,黑胜。

3. ……　　炮1进4

黑伏有车2平3连将杀的手段,红认负。

选自2000年第11届"银荔杯"象棋争霸赛金海英—高华实战对局。

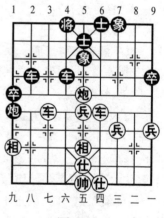

图393

第 394 局　擅离职守

着法（黑先胜）：

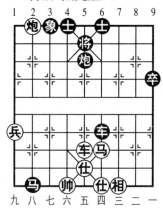

图 394

1.……　　　车 6 平 3
2. 车五平八　马 2 退 3
3. 帅六进一　炮 5 平 4
4. 车八进五　车 3 平 4
5. 仕五进六　车 4 平 2!

红如接走车八平六吃炮，则车 2 进 2 杀，黑胜。

选自 1997 年全国象棋团体赛冯晓曦—高华实战对局。

第四篇　华中特级大师残杀名局赏析

第23章　湖北洪智残杀名局赏析

第395局　敬贤礼士

着法(红先胜)：

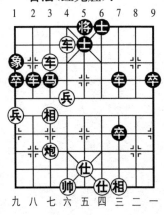

图 395

1. 炮七平五　士 5 进 4

黑如改走车 7 平 5,则兵六平五! 红胜定。

2. 车六退一　马 3 进 4

3. 兵六平五! ……

以下黑有两种应着：

(1)士 6 进 5,车六退三,红得子得势胜定。

(2)马 4 进 5,车六进二,将 5 进 1,车七进一,将 5 进 1,车六退二,绝杀,红胜。

选自 2009 年"蔡伦竹海杯"全国象棋精英邀请赛洪智—黎德志实战对局并添加应着。

第396局　炮低兵双仕巧胜马士

着法(红先胜)：

1. 炮五平二　将 5 平 4

2. 炮二进九　将 4 进 1

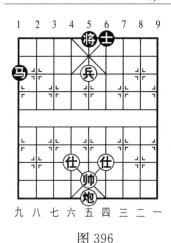

图 396

3. 兵五平六！　将 4 进 1

4. 炮二退九　马 1 进 2

5. 炮二平六　马 2 进 4

6. 炮六进四

红胜定。

选自 2010 年第 2 届"句容·茅山杯"全国象棋冠军邀请赛洪智—于幼华实战对局并添加续着。

第 397 局　龙马负图

着法(红先胜)：

1. 马七进五！……

　以下黑有两种应着：

　(1) 士 6 进 5,炮二进三,士 5 退 6(黑如象 7 进 9,则车四进三杀,红胜),车四进三,将 5 进 1,车四退一,绝杀,红胜。

　(2) 车 5 进 2,马五进七！(红如马五退七,则车 7 平 6！车四退三,炮 9 平 6,红虽占优,但一时无法入局)将 5 平 4(黑如车 7 平 6,则车四退三,炮 9 平 6,帅四平五,黑必丢子,红胜定),车四进三,车 5 退 4(黑如将 4 进 1,则车四退一！将 4 退 1,炮二平六,车 7 平 6,车四退五,炮 9 平 6,车四平五！红胜定),车四退一,车 5 进 6,炮二进三,象 7 进 9,车四进一,将 4 进 1,马七退

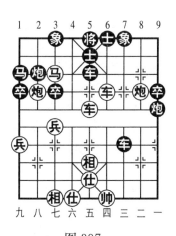

图 397

八,将 4 平 5,马八进七,将 5 平 4,车四退一,将 4 退 1,车四平九,车 5 平 6,帅四平五,车 6 平 2,马七退八！将 4 平 5,车九进一,将 5 进 1,马八退六,将 5 平 4,车八退一,将 4 进 1,炮二退二！车 7 平 8,马六进四！车 8 退 4,车九退一杀,红胜。

选自 2009 年"蔡伦竹海杯"全国象棋精英邀请赛洪智—陈寒峰实战对局并添加应着。

第 398 局　袍笏登场

着法(红先胜)：

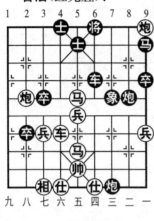

图 398

1. 炮八进四　将 6 进 1
2. 炮一平四！……

解杀还捉,妙手!

以下黑有两种应着:

(1)士 5 退 6,车六进五! 士 6 进 5,马五进六,将 6 进 1,炮八退二杀,红胜。

(2)车 6 平 5,车六平四,士 5 进 6,车四平三,炮 7 平 9,车三进二,红胜定。

选自 2009 年首届"振达·韩信杯"象棋国际名人赛洪智—阮武军实战对局并添加应着。

第 399 局　抛头露面

着法(红先胜)：

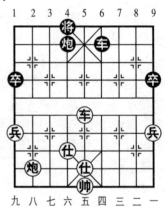

图 399

1. 仕五进四！炮 4 平 5

黑如改走炮 4 进 3,则车五进一,炮 4 退 2,车五进二! 炮 4 进 2(黑如将 4 进 1,则车五平六! 将 4 进 1,炮八平六杀,红胜),炮八进七! 车 6 平 2,车五进二,将 4 进 1,车五退一,将 4 退 1,车五平八,红得车胜定。

2. 车五平六　将 4 平 5

黑如改走炮 5 平 4,则车六进四! 车 6 平 4,炮八平六,卒 1 进 1,兵一进一,车 4 进 1,炮六进六,红胜定。

3. 车六平七！炮 5 进 3

黑如改走将 5 平 4,则车七进五,将 4 进 1,炮八平六杀,红胜。

4. 车七进五　将 5 进 1

5. 车七退一　将 5 退 1

6.车七平四

红得车胜定。

选自 2007 年全国象棋甲级联赛洪智—赵国荣实战对局并添加续着。

第 400 局　判若鸿沟

着法(红先胜)：

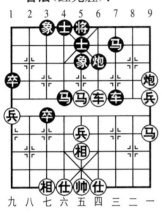

图 400

1.马五进四　士 5 进 6

2.炮一平五！

黑如接走将 5 平 6,则车四进二杀,红胜;黑又如接走士 6 退 5,则车四平三,红得车胜。

选自 2008 年全国象棋甲级联赛洪智—陶汉明实战对局。

第 401 局　扭转乾坤

着法(红先胜)：

1.马一进三　士 5 退 6

2.马三退四　……

以下黑有两种应着：

(1)象 9 退 7,兵四平三！将 5 进 1,炮一退一杀,红胜。

(2)士 6 进 5,马四进二！士 5 进 4,兵四进一,将 5 进 1,炮一退一,绝杀,红胜。

选自 2008 年全国象棋甲级联赛洪智—靳玉砚实战对局并添加应着。

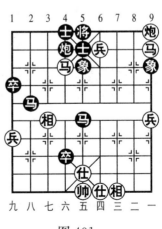

图 401

第402局　车双低兵仕相全巧胜车士象全

着法(红先胜)：

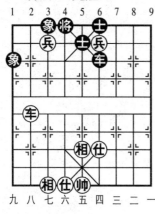

图402

1. 车八平六　车6平4

黑方另有两种应着：

(1)士5进4,兵四进一! 车6平5(黑如车6退2吃兵,则车六进三,将4平5,兵七平六,车6进1,车六平一,红胜定),车六平一,车5退1,仕六进五! 车5进2(黑如车5进1,则帅五平六! 车5退1,兵四平五! 车5退1,车一进四! 车5平8,车一平五! 下一步兵七平六杀,红胜),车一平八,车5平6,车八进四! 车6退3,兵七进一! 将4平5,兵七平六! 将5平4,车八进一,红得车胜。

(2)将4平5,兵七平六! 象1进3(黑如车6退1吃兵,则相五退三! 下一步兵六进一杀,红胜),车六进二! 车6平8,车六平一! 车8平5(黑如车8平6,则兵六平五! 红胜;黑又如车8退2,则相五退三! 象3退5,车一平七,象3进1,车七平八,士5退4,车八进三,红胜定),车一进三,下一步兵六平五,红胜定。

2. 车六平五! 象3进5

黑如改走车4平5,则兵七平六! 将4进1,车五进三,红得车速胜。

3. 车五平二! 将4平5

4. 车二进五　象5退3

5. 兵四平五　将5进1

6. 车二平四

形成车低兵仕相全必胜车双象的实用残局,红胜定。

选自2007年全国象棋个人赛洪智—黄海林实战对局并添加续着。

第403局　取精用弘

着法(红先胜)：

1. 车二进八! 车4退5

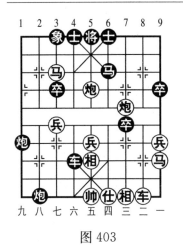

图 403

黑如改走马 6 退 8 吃车,则炮三进四杀,红胜。

2. 炮三进二! 炮 2 退 6

黑如改走车 4 平 3 吃马,则炮三平七,马 6 退 8,炮七平五杀,红胜。

3. 车二平七! 马 6 退 4

黑如改走车 4 退 1,则车七平六,马 6 退 4,炮三进二杀,红胜。

4. 炮三进二　　将 5 进 1

5. 炮五平八　　将 5 平 6

6. 炮三平六!

红胜定。

选自 2007 年全国象棋个人赛洪智—王新光实战对局并添加续着。

第 404 局　人心大快

着法(红先胜):

1. 马七进五　　马 7 进 6

2. 马四进六　　将 5 平 4

3. 马六进八　　将 4 进 1

4. 马五进七

绝杀,红胜。

选自 2007 年"天祥房地产杯"中国象棋南北特级大师对抗赛洪智—徐天红实战对局并添加续着。

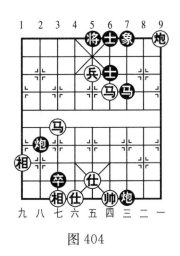

图 404

第 405 局　隔山打牛

着法(红先胜):

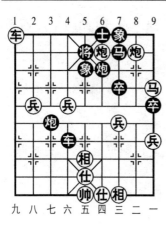

图 405

1. 车九退一　将5退1

2. 炮四平六！车4平3

3. 相五进七

红得炮胜定。

选自 2007 年第 27 届"五羊杯"全国象棋冠军邀请赛洪智—柳大华实战对局并添加续着。

第 406 局　日中则昃

着法(红先胜)：

1. 前车平五！士4进5

黑如改走将5平6,则车八平四杀,红胜。

2. 车八进三

绝杀,红胜。

选自 2006 年全国象棋甲级联赛洪智—金松实战对局并添加续着。

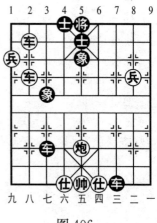

图 406

第 407 局　入境问禁

着法（红先胜）：

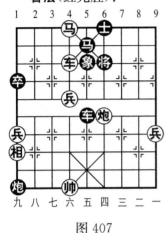

图 407

1. 兵六平五！车 5 退 1

2. 车六退一

下一步车六平四杀，红胜。

选自 2006 年全国象棋甲级联赛洪智—赵国荣实战对局并添加续着。

第 408 局　善骑者堕

着法（红先胜）：

1. 车七进二！将 4 平 5

黑如改走车 4 退 3 吃马，则车四平六！车 4 退 2，车七进一杀，红胜。

2. 车四平六！车 4 平 6

3. 帅四平五　炮 3 平 4

4. 车七进一　士 6 进 5

5. 车六平五　将 5 平 6

6. 车七平六

绝杀，红胜。

选自 2006 年"威凯房产杯"全国象棋排名赛洪智—孙勇征实战对局并添加续着。

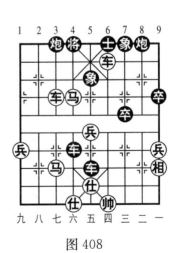

图 408

第409局　缮甲洽兵

着法（红先胜）：

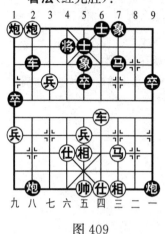

图 409

1. 车四平六　士 5 进 4

黑如改走车 2 平 4，则车六平八！车 4 进 5（黑如炮 2 退 9，则车八进四杀，红胜），车八进四，将 4 进 1，兵七进一，绝杀，红胜。

2. 兵七进一！车 2 平 3

黑如改走车 2 退 2，则兵七平六，将 4 平 5，兵六进一，将 5 平 6，车六平四，红胜。

3. 车六平八！车 3 退 1　　4. 炮八退九

红得子胜定。

选自 1999 年首届"少林汽车杯"全国象棋八强赛洪智—汤卓光实战对局并添加续着。

第410局　深知灼见

着法（红先胜）：

1. 炮五进四！……

以下黑有三种应着：

(1)实战应着：马 3 进 5，马七进五！象 3 进 1（黑如炮 5 退 4 打马，则炮七进六，士 4 进 5，车六进一杀，红速胜），马五进三，马 5 退 6，车六平四，下一步车四平六杀，红胜。

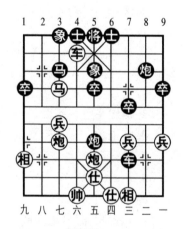

图 410

(2)士 4 进 5，马七进五！马 3 进 5（黑如炮 5 退 4，则炮七进四，下一步车六进一杀，红胜），炮七进六！炮 5 平 4（黑如士 5 进 4，则马五进六，红速胜），车六退五，士 5 进 4，马五进三，马 5 退 6，车六进四，炮 8 退 1，车六进二，将 5 进 1，马三退四，将 5 进 1，车六退五，车 7 平 1，炮七退二，下一步车六进三杀，红胜。

(3)士 6 进 5，马七进五！炮 5 退 4，炮七进四，炮 8 退 2，车六平七，象 3 进 1，车七平八，将 5 平 6，炮七进二，将 6 进 1，炮七平二，红得炮胜定。

选自 2005 年全国象棋个人赛洪智—林宏敏实战对局并改编。

第 411 局　恃才矜己

着法（红先胜）：

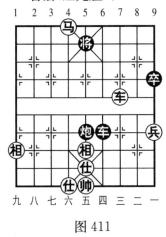

图 411

1. 马六退七　将 5 平 6

黑如改走将 5 退 1,则车三进四,车 6 退 6,车三退六,炮 5 平 6(黑如炮 5 退 4,则车三平六! 红胜定),车三进四! 炮 6 退 4(黑如车 6 进 5,则车三平六,将 5 平 6,车六进二,将 6 进 1,马七退五叫将抽车,红胜;黑又如车 6 进 4,则车三平六,将 5 平 6,车六进二,将 6 进 1,马七退五,将 6 平 5,马五进三! 车 6 退 2,车六退二捉死车,红胜;黑又如车 6 进 3,则车三平六,将 5 平 6,马七退六! 车 6 平 5,车六平四叫将抽炮,红胜),车三退一,炮 6 进 1,马七退六,炮 6 退 2,车三平七,炮 6 平 4,车七进三,炮 4 退 1,马六进七,红胜。

2. 马七退五　将 6 平 5

3. 车三平五! 炮 5 退 3

黑如改走炮 5 平 9,则马五退三,红抽车胜;黑又如改走车 6 平 9,则马五进三,将 5 平 6,车五平四,绝杀,红胜。

4. 车五进一　将 5 平 6

5. 车五平一

形成车高兵仕相全必胜单车的实用残局,红胜定。

选自 2005 年全国象棋团体赛洪智—周小平实战对局并添加续着。

第 412 局　室迩人远

着法（红先胜）：

1. 炮三平五! 车 6 进 1

黑如改走炮 5 进 3,则马四进六,将 5 进 1,车九进二杀,红胜。

2. 车九平四　炮 5 进 3　　3. 车四平一

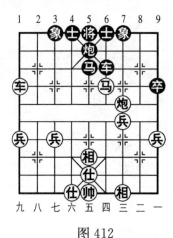

图 412

红多兵胜定。

选自 2005 年全国象棋团体赛洪智—焦明理实战对局并添加续着。

第 413 局　授人以柄

着法(红先胜)：

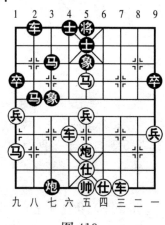

图 413

1. 马五退七！炮 3 平 1

黑如改走车 2 进 1，则车三进八！下一步炮五进五，红可得车胜。

2. 车三进九！象 5 退 7
3. 马七进六　将 5 平 6
4. 车六平四　士 5 进 6
5. 车四进四

绝杀，红胜。

选自 2004 年全国象棋甲级联赛洪智—李望祥实战对局并添加续着。

第 414 局　数往知来

着法(红先胜)：

1. 车九平六　士 5 进 4
2. 炮一进七　将 4 退 1

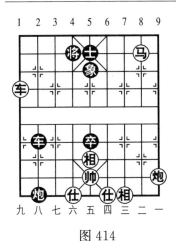

图 414

3. 车六进一　将 4 平 5

4. 车六平五　将 5 平 4

5. 车五平六　将 4 平 5

6. 马二退四　将 5 进 1

黑如改走将 5 平 6,则车六进二,将 6 进 1,马四进二杀,红胜。

7. 马四进三　将 5 平 6

8. 车六平四

连将杀,红胜。

选自 2004 年全国象棋甲级联赛洪智—邱东实战对局并添加续着。

第 415 局　束手束脚

着法(红先胜):

1. 马四进五!　象 3 进 5

2. 前炮进五　士 5 进 4

3. 车四进四　炮 3 平 2

4. 相三进五!　卒 5 进 1

5. 车八平六!　车 4 平 3

6. 前炮退一　后炮平 7

7. 车四平六　卒 7 进 1

8. 前车平五　将 5 平 6

9. 车六进六　将 6 进 1

10. 车五进二

红胜定。

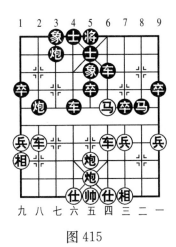

图 415

选自 2003 年"磐安伟业杯"全国象棋大师冠军赛洪智—邬正伟实战对局并添加续着。

225

第416局　探颐索隐

着法(红先胜)：

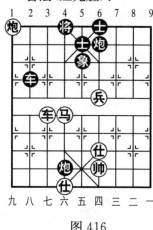

图 416

1. 车七进五　将 4 进 1
2. 马六进七　将 4 进 1
3. 车七退二　将 4 退 1
4. 车七进一　将 4 进 1
5. 马七退五　车 2 平 5
6. 车七退二！

捉死车，红胜定。

选自 1999 年"西门控杯"全国象棋大师冠军赛洪智—陈孝堃实战对局并添加续着。

第417局　陈陈相因

着法(黑先胜)：

1. ……　　　炮 9 退 1
2. 帅六平五　马 7 进 9
3. 帅五平六　马 9 进 7
4. 仕六进五　……

红如改走仕四进五，则马 7 进 5！仕五退四，车 3 进 2 杀，黑胜。

4. ……　　　马 7 退 5
5. 帅六退一　……

红如改走仕五进四，则车 3 进 2，帅六进一，车 3 退 1，帅六退一，马 5 进 6，帅六平五，车 3 平 5，帅五平四，马 6 退 8 杀，黑胜。

5. ……　　　车 3 进 2！
6. 车六退一　将 5 退 1

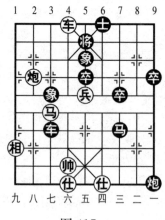

图 417

7. 车六平二　　车 3 平 4！

8. 帅六平五　　马 5 进 7

绝杀，黑胜。

选自 2010 年全国象棋甲级联赛李群—洪智实战对局并添加续着。

第 418 局　同功一体

着法（黑先胜）：

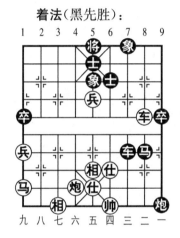

图 418

1. ……　　　　炮 9 平 8

2. 车二平九　　车 7 进 3

3. 帅四进一　　炮 8 退 1

下一步马 8 进 7 杀，黑胜。

黑胜。

选自 2010 年第 4 届全国体育大会孙勇征—洪智实战对局并添加续着。

炮 5 进 2！　　**2.** 仕五进六　　……

　　红如改走炮五退四，则车 7 平 5，车四进二（红如马五进七，则炮 9 平 3，下一步炮 3 进 3 杀，黑胜），车 5 退 1，车四平二，形成车炮士象全必胜车兵双仕的实用残局，黑胜定。

　　2. ……　　　　炮 5 退 4！

　　红如接走马五退三吃车，则炮 9 平 5 重炮杀，黑速胜；红又如接走仕六进五，则车 7 退 1，红马必失，黑胜定。

　　选自 2008 年"眉山道泉茶叶杯"全国象棋明星赛苗永鹏—洪智实战对局。

第 419 局　偬来之物

着法（黑先胜）：

1. ……

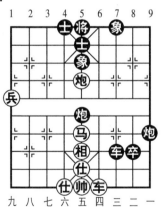

图 419

第 420 局　形云密布

着法（黑先胜）：

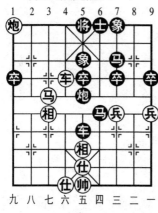

图 420

1. ······	车 5 平 8
2. 马七进六	将 5 进 1
3. 帅五平四	马 6 进 7
4. 帅四进一	车 8 平 6！
5. 仕五进四	马 7 进 8
6. 帅四退一	车 6 进 1

绝杀，黑胜。

选自 2008 年第 1 届世界智力运动会朱永吉—洪智实战对局并添加续着。